10 hours WORD STORM

중학 집중 영단어 10시간

10 hours WORD STORM

중학 집중 영단어

10시간

1판 1쇄 인쇄 | 2015년 10월 25일
1판 1쇄 발행 | 2015년 10월 30일

지은이 | 로즈앤북
펴낸이 | 윤옥임
펴낸곳 | 브라운힐
책임편집 이승민
편 집 천혜영

서울시 마포구 신수동 219번지
대표전화 (02)713-6523, 팩스 (02)3272-9702
등록 제 10-2428호

ISBN 978-89-90324-91-7 03740
값 11,000원

어휘 폭풍을 기대하며,
순간적으로 집중하고, 최대한 빨리 독파하라!

10 hours WORD STORM
중학 집중 영단어 10시간

로즈앤북 지음

Vocabulary in anticipation of the storm

브라운힐
BrownHillPub

여러분의 Word Storm(단어폭풍)을 기대하며

1. 단어가 제일 중요하다

영어실력은 곧 어휘력이다.
수능시험도 어휘력이다.
누가 얼마나 많은 단어를 제대로 알고 있느냐로 결정된다.

2. 단어 공부는 속도전이다

단어 몇 개 붙잡고 며칠씩 매달린다고 내 것 안된다.
오히려 단어 하나에 잠깐씩 집중하는 순간포착 학습이 방법이다.
짧게, 빠르게, 자주 반복하는 것이 최선이다.

3. 단어는 그림으로 익혀야 오래 간다

우리 기억은 구체적인 물상, 특히 시각적 자극을 가장 좋아한다.
그림이 가장 구체적이고 뇌에 강한 인상을 남긴다.
글로 쓴 설명보다 그림이 훨씬 기억에 도움된다.

4. 단어의 느낌과 뉘앙스에 주목해야 한다

어떤 단어를 보면 자연스레 떠오르는 이미지나 느낌이 있어야 한다.
단어 뜻보다 느낌이 먼저 떠오른다.
머리가 아닌, 가슴과 몸으로 체화된 상태.
제대로 된 단어 학습은 이런 것이다.

5. 함께 쓰이는 활용구를 익혀야 한다

단어 하나하나는 그 자체로 살아있지 않다.
단어는 문장, 문맥 안에서 비로소 숨을 쉬고 생명을 얻는다.
자주 쓰이는 문장과 구절을 익히자.

자, 이제 여러분에게 정리하여 주문한다.

1. 문장이나 구절 속에서 뜻을 익히자.
2. X-레이를 찍듯 그림을 머리에 새기자.
3. 뜻과 함께 단어의 느낌과 뉘앙스를 익히자.
4. 순간포착 학습을 하고, 최대한 빨리 독파하자.
5. 그리고 반복하자.

다시 강조하지만, 단어 하나에 30초 정도면 족하다.
이 책을 한번 독파하는 데 10시간을 넘기지 마라.
최대한 빨리 보고, 최대한 자주 봐라.

모든 공부가 그렇듯 학습속도가 곧 실력이다.
잦은 반복이 길이고 진리다.

구성과 학습방법

교재구성

127

1 → ★★★☆☆ _0225 ← 2

3

4 **hit**

[hit]

5 ⓥ 치다, 때리다

» hit a ball with a bat 방망이로 공을 치다
» hit a blow on the head 머리에 일격을 가하다 } 6

★★★★☆ _0226

follow

[fálou]

ⓥ 따르다, 뒤쫓아가다

7
» follow a custom 관행을 따르다
» follow the will of Heaven 하늘의 뜻에 따르다

8
❑ In the bus somebody hit me on the head.
버스에서 누군가 내 머리를 쳤다.
❑ This child follows me everywhere I go.
이 아이는 어디를 가나 나를 따라다닌다.

hitter 타자	strike 치다	knock 때리다
following 다음의	accompany 동행하다	keep up 유지하다

1 **중요도**
★★★★★ … 최상위 30%
★★★★☆ … 상위 30%
★★★☆☆ … 중위 30%
★★☆☆☆ … 하위 10%

2 **일련번호** 1~1000번

3 **그림(이미지)**

4 **주요 단어**
중학 총정리 단어 1000개

5 **뜻풀이**
핵심이 되는 뜻 1~2개로 축약

6 **활용구절**
정확한 단어의 뜻과 용법으로 학습에 도움을 준다

7 **예문**
단어의 용법과 독해력 향상에 도움을 준다

8 **패밀리워드**
파생어, 유의어, 반의어, 참조어 등

- 이 책은 10 chapter, 총 3,900개의 중학 총정리 단어를 다루고 있다.
- chapter별 단어 400개 (주요 단어 100개 + 패밀리워드 300개)
- 각 단어는 그림 이미지 1개와 짧은 용례 구절 2개가 딸려 있다.
- 각 chapter 뒤에는 간단한 review test가 있다.
- 뒤편 index에는 3,900 단어 중 중복 1,000여개를 제외한 약 2,800 단어를 실었다.
- 별표는 빈출도와 중요도, 난이도를 종합하여 최상위 30%, 상위 30%, 중위 30%, 하위 10% 4등급으로 분류하였다.

학습방법

1. 이 책은 초스피드 학습을 권장한다.
2. 이 책은 1시간에 1개 chapter씩 학습하도록 계획되었다.
3. 처음에는 상자 안에 있는 2개의 주요 단어를 집중 학습한다.
4. 그림과 단어, 우리말 뜻에 시선을 빠르게 옮겨가며 속독한다.
5. 단어는 읽으면서 입으로 소리내어 귀에 들리게 한다.
6. 단어는 뜻과 함께 느낌과 이미지를 기억하려 노력한다.
7. 마지막으로 사례구를 학습하여 영어감각과 용법을 익힌다.
8. 한 페이지 학습에 가급적 1분을 넘기지 않도록 한다.
9. 1일 학습은 반드시 chapter 단위로 한다.
10. 두번째 학습부터 예문과 패밀리워드까지 꼼꼼히 학습하되, 역시 속독한다.
11. 늘 끼고 다니며 반복 학습을 꾸준히 한다.

목차

Chapter 1

기초단어 400 명사편 I

PREVIEW

- ☐ college
- ☐ brain
- ☐ island
- ☐ museum
- ☐ bread
- ☐ neighbor
- ☐ theater
- ☐ result
- ☐ bridge
- ☐ map
- ☐ wind
- ☐ captain
- ☐ sheep
- ☐ ship
- ☐ ground
- ☐ throat
- ☐ wall
- ☐ step
- ☐ war
- ☐ waste
- ☐ shop
- ☐ clock
- ☐ comfort
- ☐ tongue
- ☐ copy
- ☐ scene
- ☐ tour
- ☐ victory
- ☐ question
- ☐ problem
- ☐ sky
- ☐ corner
- ☐ taste
- ☐ view
- ☐ tunnel
- ☐ law
- ☐ share
- ☐ examination
- ☐ search
- ☐ style
- ☐ joy
- ☐ value
- ☐ bank
- ☐ rule
- ☐ fun
- ☐ nurse
- ☐ station
- ☐ bike
- ☐ rest
- ☐ universe
- ☐ coat
- ☐ roof
- ☐ sale
- ☐ trouble
- ☐ science
- ☐ marriage
- ☐ pond
- ☐ stamp
- ☐ prize
- ☐ dictionary
- ☐ town
- ☐ partner
- ☐ amount
- ☐ stage
- ☐ memory
- ☐ system
- ☐ purpose
- ☐ lake
- ☐ boat
- ☐ weekend
- ☐ medal
- ☐ trust
- ☐ shore
- ☐ toe
- ☐ piece
- ☐ future
- ☐ service
- ☐ glass
- ☐ speech
- ☐ road
- ☐ hill
- ☐ order
- ☐ kid
- ☐ toilet
- ☐ pleasure
- ☐ citizen
- ☐ relation
- ☐ job
- ☐ economy
- ☐ fear
- ☐ meal
- ☐ skill
- ☐ line
- ☐ size
- ☐ anyone
- ☐ rock
- ☐ metal
- ☐ response
- ☐ experience
- ☐ wire

★★★★★ _0001

college

[kάlidʒ]

ⓝ 대학, 단과대학

» enter a college 대학에 들어가다
» graduate from a college 대학을 졸업하다

★★★★☆ _0002

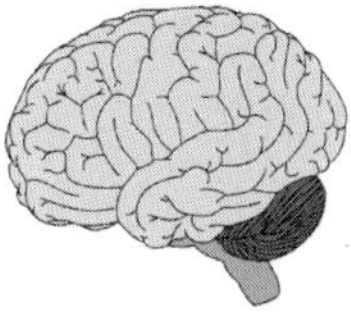

brain

[brein]

ⓝ 뇌, 두뇌, 지능

» a good brain 좋은 머리
» use one's brain 머리를 쓰다

❑ The son of Mr. Park is in college.
박씨 아들은 대학에 재학 중이다.

❑ The girl is a little short of brains.
그 소녀는 머리가 좀 모자란다.

비슷 university 종합대학	참고 freshman 신입생	참고 junior 대학 3학년
형 brainy 총명한	비슷 intelligence 지능	참고 head 머리

★★★★☆ _0003

island

[áilənd]

ⓝ 섬

» a desert island 무인도
» live in an island 섬에 살다

★★★☆☆ _0004

museum

[mjuːzíːəm]

ⓝ 미술관, 박물관

» an art museum 미술관
» visit the National Museum 국립박물관을 방문하다

- ❑ Jeju island is famous for its wind.
  제주도는 바람으로 유명하다.
- ❑ Please tell me the way to the museum.
  박물관 가는 길 좀 알려 주세요.

비슷 isle 작은 섬	반대 continent 대륙	참고 peninsula 반도
참고 gallery 화랑	참고 display 전시하다	참고 exhibit 전시하다

★★★★☆ _0005

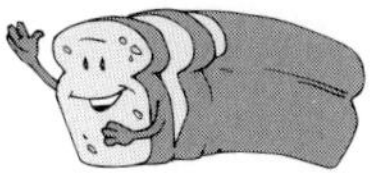

bread

[bred]

ⓝ 빵, 식빵

» a slice of bread 빵 한 조각
» bread and butter 버터 바른 빵 (생계)

★★★☆☆ _0006

neighbor

[néibər]

ⓝ 이웃 사람

» a next-door neighbor 담을 사이에 둔 이웃집 사람
» Japan, our neighbor 우리의 이웃, 일본

❑ Man can't live by bread alone.
사람은 빵만으로는 살 수 없다.

❑ A good neighbor is better than a brother far off.
멀리 있는 친척보다는 가까운 남이 낫다.

비슷 food 음식	참고 drink 음료	참고 jam 잼
형 neighboring 인접한	참고 neighborhood 이웃, 근처	참고 native 원주민

★★★☆☆ _0007

theater

[θí(ː)ətər]

ⓝ 극장, 연극

» a movie theater 영화관
» go to the theater 연극 구경을 가다

★★★★☆ _0008

result

[rizʌ́lt]

1. ⓝ 결과
2. ⓥ 결과로서 생기다, 기인하다

» as a result 그 결과
» Disease results from poverty. 질병은 빈곤에서 생긴다.

❑ There's not an empty seat in the theater.
극장에 빈자리가 하나도 없어.

❑ The result doesn't matter.
결과는 중요하지 않다.

참고 movie 영화	참고 stage 무대	참고 play 희곡, 연극
비슷 outcome 성과	비슷 happen 발생하다	반대 cause 원인

★★★★☆ _0009

bridge

[bridʒ]

ⓝ 다리, 교량

» cross a bridge 다리를 건너다
» Bridge over Troubled Water 거친 물위에 놓인 다리 (팝송)

★★★☆☆ _0010

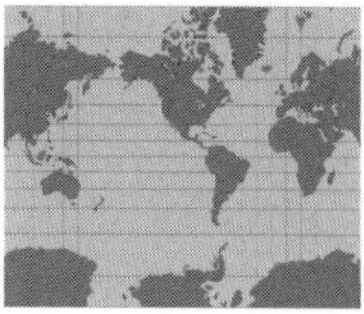

map

[mæp]

ⓝ 지도

» a map of the world 세계 지도
» draw a map 지도를 그리다

❑ They built a bridge cross the river.
그들은 강에 다리를 놓았다.

❑ Where are we on this map?
이 지도상에서 우리가 어디에 있습니까?

참고 structure 구조물
비슷 chart 바다 지도
참고 river 강
참고 atlas 지도책
참고 bride 신부
참고 sketch map 약도

★★★☆☆ _0011

wind

[wind]

ⓝ 바람

» a soft wind 미풍
» stand a strong wind 강풍에 견디다

★★★☆☆ _0012

captain

[kǽptin]

ⓝ 선장, 지도자

» a captain of industry 산업계의 거물
» captain general 총사령관

- [ ] The wind is dying.
  바람이 잦아들고 있다.
- [ ] He became a captain general.
  그는 총사령관이 되었다.

형 windy 바람 부는	비슷 breeze 산들바람	참고 storm 폭풍
비슷 chief 우두머리	비슷 leader 지도자	비슷 head 우두머리

★★☆☆☆ _0013

sheep

[ʃiːp]

ⓝ 양

» a flock of sheep 양떼
» a lost sheep 길 잃은 양
» the black sheep of the family 집안의 말썽꾼

★★★★☆ _0014

ship

[ʃip]

1. ⓝ 배, 함
2. ⓥ 배에 싣다, 수송하다

» a cargo ship 화물선
» ship cattle by railroad 소를 철도로 수송하다

❑ He was shearing a sheep.
그는 양털을 깎고 있었다.

❑ A little leak will sink a great ship.
작은 구멍이 큰 배를 침몰시킨다.

참고 shepherd 양치기 · 참고 lamb 새끼양 · 참고 mutton 양고기
비슷 vessel 배 · 비슷 transport 수송하다 · 참고 shipping 선적(船積)

★★★★☆ _0015

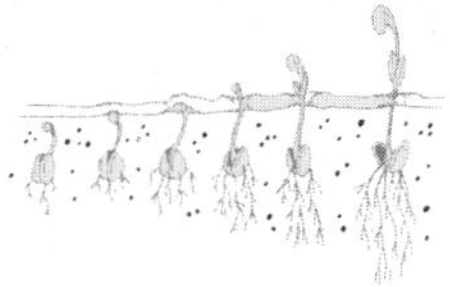

ground

[graund]

1. ⓝ 땅, 지면
2. ⓝ 흙, 토양

» sit on the ground 땅바닥에 주저앉다
» poor ground 메마른 땅

★★★☆☆ _0016

throat

[θrout]

ⓝ 목구멍, 목청

» clear one's throat 목청을 가다듬다
» grasp him by the throat 그의 멱살을 잡다

❑ There's frost on the ground.
땅에 서리가 내렸다.

❑ The food got caught in my throat.
음식이 목에 걸렸다.

비슷 soil 흙	비슷 earth 토양	참고 clay 찰흙
참고 neck 목	참고 voice 목소리	참고 tongue 혀

★★★★★ _0017

wall

[wɔːl]

ⓝ 벽

» a stone wall 돌담
» hang a picture on the wall 벽에 그림을 걸다

★★★★☆ _0018

step

[step]

ⓝ 걸음, 수단, 방법

» at every step 한 걸음씩
» a step to success 성공의 방법

❑ I hit my head against the wall.
나는 벽에 머리를 부딪쳤다.

❑ I heard a heavy step at the front door.
나는 현관에서 무거운 발걸음 소리를 들었다.

참고 fence 울타리 참고 hedge 울타리 참고 wall-paper 벽지
참고 stepping-stone 디딤돌 참고 means 방법 참고 stage 단계

★★★★☆ _0019

war

[wɔːr]

ⓝ 전쟁

» a civil war 내전
» the Second World War 제2차 세계대전

★★★★☆ _0020

waste

[weist]

1. ⓝ 낭비, 폐기물
2. ⓥ 낭비하다, 허비하다

» a waste of money 돈의 낭비
» have no time to waste 허비할 시간이 없다

❑ Britain and France declared war on Germany in 1939.
영국과 프랑스는 1939년 독일에 전쟁을 선포했다.

❑ It was a total waste of time.
그건 정말 시간 낭비였다.

참고 fight 싸움	참고 battle 전투	반대 peace 평화
비슷 consume 소모하다	비슷 garbage 쓰레기	비슷 rubbish 쓰레기

★★★☆☆ _0021

shop

[ʃap]

1. ⓝ 가게, 상점
2. ⓥ 장을 보다, 쇼핑하다

» a gift shop 선물가게
» a barber shop 이발소

★★★☆☆ _0022

clock

[klak]

ⓝ 탁상시계, 벽걸이 시계

» like a clock 정확히
» turn the hands of a clock 시계바늘을 돌리다

❏ Do you know a souvenir shop around here?
이 근처에 기념품 판매점이 있나요?

❏ The clock runs slow.
저 시계는 늦다.

비슷 store 상점
형 clocklike 시계처럼 정확한
참고 shopping 물건사기
참고 watch 손목시계
참고 booth 간이매점
참고 hand 시계바늘

★★★★★ _0023

comfort

[kʌ́mfərt]

1. ⓝ 안심, 평안
2. ⓥ 위로하다

» live in comfort 평안하게 살다
» give someone comfort 누구에게 위안을 주다

★★★☆☆ _0024

tongue

[tʌŋ]

1. ⓝ 혀
2. ⓝ 말, 언어

» bite the tongue 혀를 깨물다
» mother tongue 모국어

❏ He is a great comfort to his parents.
그는 부모에게 커다란 위안이 된다.

❏ This hot soup burned my tongue.
이 뜨거운 수프에 혀를 데었어요.

형 comfortable 편안한	비슷 ease 편안함	비슷 console 위안을 주다
비슷 language 언어	참고 mouth 입	참고 lip 입술

★★★★☆ _0025

copy

[kɑ́pi]

1. ⓝ 사본, 권
2. ⓥ 복사하다

» a copy of a letter 편지 사본 1부
» keep a copy of an original document
원본 문서를 복사해두다

★★★☆☆ _0026

scene

[siːn]

1. ⓝ 장면, 경치, 풍경
2. ⓝ 현장

» a love scene 러브신
» the scene of a tragedy 비극의 현장

❑ Would you make a copy of this?
이거 한 장만 복사해 주시겠어요?

❑ Jone was astonished at the scene.
존은 그 장면을 보고 경악했다.

비슷 imitate 모방하다 　참고 issue 호(號) 　참고 volume 권(卷)
비슷 sight 광경 　비슷 view 경치 　참고 scenery 풍경

★★★★☆ _0027

tour

[tuər]

ⓝ 여행

» a wedding tour 신혼여행
» go on a foreign tour 해외여행을 떠나다

★★★☆☆ _0028

victory

[víktəri]

ⓝ 승리, 극복

» a diplomatic victory 외교적 승리
» gain the final victory 최후의 승리를 얻다

❑ We will go on an educational tour for 3 days.
우리는 3일 동안 수학여행을 갈 것이다.

❑ The victory is ours.
승리는 우리의 것이다.

비슷 travel 여행	비슷 trip (짧은) 여행	참고 tourist 관광객
비슷 triumph 승리	비슷 conquest 정복	반대 defeat 패배

★★★★☆ _0029

question

[kwéstʃən]

1. ⓝ 문제, 질문
2. ⓝ 의문, 의심

» the labor question 노동 문제
» answer a question 질문에 답하다

★★★★★ _0030

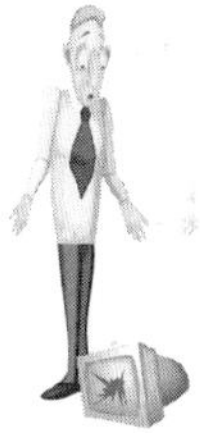

problem

[prɑ́bləm]

ⓝ 문제, 장애

» a social problem 사회문제
» No problem. 아무 문제없어요.

❑ May I ask you a question?
질문 하나 해도 될까요?

❑ I know the answer to that problem.
그 문제에 대한 답을 알고 있습니다.

비슷 matter 문제, 일	비슷 doubt 의심	반대 answer 대답
비슷 question 문제	비슷 difficulty 어려움	반대 solution 해결

★★★☆☆ _0031

sky

[skai]

ⓝ 하늘

» a cloudy sky 흐린 하늘
» fly in the sky 창공을 날다

★★★☆☆ _0032

corner

[kɔ́ːrnər]

ⓝ 구석, 모퉁이

» the corner of a desk 책상의 모서리
» the house on the corner 길모퉁이의 집

❑ The sky is getting dark.
하늘이 점점 어두워지고 있다.

❑ Turn left at the corner.
모퉁이에서 왼쪽으로 도세요.

비슷 heaven 천국	반대 earth 지구, 땅	참고 cloud 구름
비슷 margin 가장자리	반대 center 중심	참고 corner kick 코너킥

★★★★☆ _0033

taste

[teist]

1. ⓝ 미각, 맛
2. ⓝ 취미, 기호

» take a taste of wine 포도주를 조금 맛보다
» a person of no taste 무취미한 사람

★★★★★ _0034

view

[vjuː]

ⓝ 바라봄, 시력, 관점

» a night view of Seoul 서울의 야경
» take a positive view 적극적인 관점을 가지다

❑ Lemons have a sour taste.
레몬은 신맛을 가지고 있다.

❑ Your house commands a nice view.
당신의 집은 전망이 좋군요.

비슷 flavor 풍미	참고 sweet 달콤한	참고 bitter 쓴
명 viewer 보는 사람	비슷 panorama 전경	비슷 opinion 견해

★★★☆☆ _0035

tunnel

[tʌ́nl]

ⓝ 굴, 터널

» go through a tunnel 터널을 통과하다
» cut a tunnel through a mountain 산에 터널을 뚫다

★★★★★ _0036

law

[lɔː]

1. ⓝ 법, 법률
2. ⓝ 법칙, 규칙

» equal before the law 법 앞에 평등한
» Newton's law 뉴튼의 법칙

❑ You'll go through a lot of tunnels.
여러 개의 터널을 지나게 됩니다.

❑ All men are equal in the eye of the law.
법 앞에서는 만인이 평등하다.

비슷 cave 동굴	참고 hollow 움푹 파인 곳	참고 pit 구덩이
형 lawful 합법적인	비슷 principle 원칙	참고 regulation 규정

★★★★☆ _0037

share

[ʃɛər]

1. ⓝ 몫, 할당, 지분
2. ⓥ 나누다, 함께 사용하다

» a fair share 공평한 몫
» share a room with him 그와 방을 함께 쓰다

★★★★☆ _0038

examination

[igzæ̀mənéiʃən]

ⓝ 시험, 조사

» a health examination 건강 검진
» a driver's examination 운전 면허 시험

❑ Would you share your umbrella with me?
우산 좀 같이 쓸 수 있겠어요?

❑ Examination is at hand. Let's work hard.
시험이 임박했어. 열심히 공부하자.

비슷 portion 몫, 일부	비슷 lot 몫, 추첨	반대 combine 합치다
비슷 test 시험	비슷 exam 시험(줄임말)	참고 quiz 간단한 시험

★★★★★ _0039

search

[səːrtʃ]

1. ⓝ 탐색, 조사
2. ⓥ 찾다, 조사하다

» search for stolen goods 도난품을 찾다
» make a wide search 두루 찾다

★★★☆☆ _0040

style

[stail]

1. ⓝ 양식, 스타일
2. ⓝ 문체

» out of style 유행에 뒤떨어진
» write in the style of Hemingway 헤밍웨이의 문체로 쓰다

❑ You must dive deep to search for pearls.
진주를 캐려면 물속 깊이 잠수해야 한다.

❑ She has changed her hair style.
그녀는 머리 모양을 바꾸었다.

비슷 look for 찾다	비슷 examine 조사하다	비슷 research 조사
형 stylish 유행에 맞는	비슷 type 양식	비슷 fashion 유행

★★★☆☆ _0041

joy

[dʒɔi]

ⓝ 기쁨

» dance for joy 기뻐 춤추다
» the joys and sorrows of life 인생의 기쁨과 슬픔

★★★★★ _0042

value

[vǽljuː]

1. ⓝ 가치, 값어치
2. ⓥ 평가하다, 값을 매기다

» artistic value 예술적 가치
» the value of the dollar 달러의 가치

❏ They shouted for joy.
그들은 환호성을 질렀다.

❏ I value friendship above everything else.
나는 다른 무엇보다 우정에 가치를 둔다.

형 joyful 기뻐하는	비슷 pleasure 기쁨	반대 sorrow 슬픔
형 valuable 가치 있는	비슷 worth 가치	참고 price 가격

★★★☆☆ _0043

bank

[bæŋk]

1. ⓝ 은행
2. ⓝ 둑, 제방

» have money in the bank 은행에 예금이 있다
» fish from the bank 둑에서 낚시질하다

★★★★☆ _0044

rule

[ruːl]

1. ⓝ 규칙, 규정
2. ⓝ 지배, 통치

» the rule of law 법의 지배
» the rules of soccer 축구 경기규칙

❑ The central bank was established in 1943.
중앙은행은 1943년에 생겼다.

❑ I make it a rule to take a walk every morning.
나는 매일 아침 규칙적으로 산책을 한다.

참고 savings 저축	참고 insurance 보험	참고 bank teller 은행 창구직원
비슷 regulation 규정	비슷 control 통제	참고 law 법률

★★★★☆ _0045

fun

[fʌn]

ⓝ 재미, 장난

» a day full of fun 흥겨운 하루
» speak in fun 장난으로 말하다

★★★☆☆ _0046

nurse

[nəːrs]

ⓝ 간호사, 유모

» a hospital nurse 병원 간호사
» a baby under the care of a nurse 유모가 돌보는 아기

❑ I had great fun there.
정말 재미있었어.

❑ The nurse did a blood test.
간호사는 혈액검사를 했다.

형 funny 우스운	비슷 amusement 재미	비슷 pleasure 즐거움
참고 doctor 의사	참고 maid 가정부	참고 tutor 가정교사

★★★★☆ _0047

station

[stéiʃən]

ⓝ 정거장, 본부, 국

» a bus station 버스 정류장
» a fire station 소방서
» a gas station 주유소

★★★☆☆ _0048

bike

[baik]

ⓝ 자전거

» a bike ride 자전거 타기
» a racing bike 경주용 자전거

❑ Would you show me the way to the subway station?
지하철역으로 가는 길을 알려 주시겠습니까?

❑ He went on a bike.
그는 자전거로 갔다.

형 stationary 움직이지 않는 비슷 stop 정류장 참고 platform 승강장
명 biker 자전거 타는 사람 비슷 bicycle 자전거 참고 bikeway 자전거 전용도로

★★★★☆ _0049

rest

[rest]

1. ⓝ 휴식
2. ⓝ 나머지, 여분

» take a little rest 잠깐 쉬다
» the rest of the people 나머지 사람

★★★☆☆ _0050

universe

[júːnəvə̀ːrs]

ⓝ 우주, 천지만물

» the boundless universe 끝없이 넓은 우주
» find a new universe 새로운 우주를 찾다

❑ You'd better get some rest.
좀 쉬는 게 좋겠어.

❑ There is feeling in everything in the universe.
삼라만상에 모두 감정이 있다.

형 restless 안절부절못하는 비슷 repose 휴식 참고 coffee break 커피타임
형 universal 전우주의 비슷 cosmos 우주 참고 space 공간, 우주

★★★☆☆ _0051

coat

[kout]

ⓝ 외투, 껍질

» a warm winter coat 따뜻한 겨울코트
» the coats of an onion 양파 껍질

★★☆☆☆ _0052

roof

[ru:f]

ⓝ 지붕

» the roof of a car 차의 지붕
» live under the same roof 한 지붕 아래서 살다

❏ That coat looks good on you.
그 외투는 네게 잘 어울린다.

❏ The roof is leaking.
지붕에서 물이 샌다.

형 coated 코팅한	참고 fur coat 모피코트	참고 raincoat 우비
비슷 summit (산의) 정상	비슷 top 꼭대기	반대 floor 바닥

★★★★☆ _0053

sale

[seil]

1. ⓝ 판매
2. ⓝ 특매, 할인 판매

» for sale 판매중
» a half-price bargain sale 반액 대매출

★★★★☆ _0054

trouble

[trʌ́bəl]

1. ⓝ 어려움, 고생
2. ⓝ 근심, 걱정

» a family trouble 가정 불화
» suffer from a stomach trouble 위장병으로 고생하다

❑ These books are on sale.
이 책들은 세일 중이에요.

❑ What's the trouble?
어디가 안 좋습니까?

동 sell 팔다 비슷 trade 매매 비슷 commerce 상거래
비슷 difficulty 어려움 참고 anxiety 근심 참고 trouble-maker 말썽꾸러기

★★★★★ _0055

science

[sáiəns]

ⓝ 과학

» science fiction 공상 과학 소설
» the physical sciences 자연 과학

★★★★☆ _0056

marriage

[mǽridʒ]

ⓝ 결혼, 결혼식

» a suitable marriage partner 결혼 상대로 적절한 사람
» accept one's proposal of marriage 청혼을 받아들이다

❑ Do you like science fiction?
공상 과학 소설 좋아하니?

❑ Love and marriage are two different things.
사랑과 결혼은 별개다.

형 scientific 과학의	명 scientist 과학자	참고 physics 물리학
동 marry 결혼하다	비슷 wedding 결혼식	참고 engagement 약혼

★★★☆☆ _0057

pond

[pɑnd]

ⓝ 연못

» a golden pond 황금 연못
» a big frog in a small pond 우물 안 개구리, 독불장군

★★★☆☆ _0058

stamp

[stæmp]

ⓝ 우표, 도장

» put a stamp 우표를 붙이다
» a revenue stamp 수입인지

❑ I'd rather be a big fish in a small pond.
차라리 조그만 연못의 큰 고기가 되겠다.

❑ His hobbies are stamp collecting, traveling and sports.
그의 취미는 우표 수집과 여행, 스포츠이다.

비슷 pool 작은 연못 | 참고 lake 호수 | 참고 swamp 늪
비슷 seal 도장 | 참고 post 우편 제도 | 참고 mail 우편물

★★★★☆ _0059

prize

[praiz]

ⓝ 상

» an honor prize 우등상
» a prize for perfect attendance 개근상

★★★★☆ _0060

dictionary

[díkʃənèri]

ⓝ 사전

» a usage dictionary 말 사용법 사전
» a walking dictionary 박학다식한 사람

❑ I won a Nobel prize.
나는 노벨상을 탔다.

❑ I looked up the word in my dictionary.
나는 그 단어를 사전에서 찾아보았다.

비슷 award 상 반대 penalty 벌 참고 reward (정당한) 보상
참고 reference book 참고서 참고 encyclopedia 백과사전

★★★★☆ _0061

town

[taun]

ⓝ 시, 읍내, 번화가

» a town girl 도시 아가씨
» the talk of the town 읍내의 소문

★★★☆☆ _0062

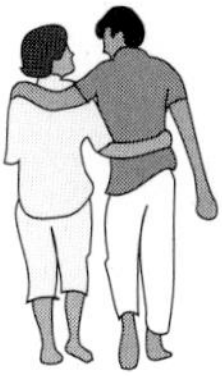

partner

[pɑ́:rtnər]

ⓝ 동료, 짝

» a partner in crime 공범자
» my partner in life 인생의 반려자

❑ I'm looking for Korean Town.
나는 코리아타운을 찾고 있습니다.

❑ I want to be your partner for life.
나는 너의 평생 반려자가 되고 싶다.

참고 village 작은 마을 | 참고 downtown 시내 중심가 | 참고 county 군
명 partnership 제휴 | 비슷 companion 동료 | 참고 friend 친구

★★★★☆ _0063

amount

[əmáunt]

1. ⓝ 양, 액수
2. ⓥ (합이) ~되다, (결국) ~이 되다

» a large amount of money 거액의 돈
» amount to nothing 보잘것없는 사람이 되다

★★★☆☆ _0064

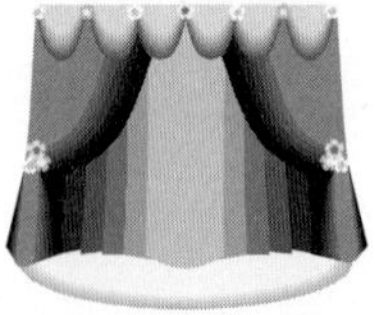

stage

[steidʒ]

1. ⓝ 무대
2. ⓝ 단계, 국면

» actors on the stage 무대 위의 배우
» at the present stage 현 단계에서

❑ He paid the full amount of expenses.
그는 경비의 전액을 지불했다.

❑ We clapped the performer on the stage.
우리는 무대 위의 연주자에게 박수를 보냈다.

비슷 quantity 양	비슷 end up 결국 ~이 되다	참고 quality 질
비슷 platform 연단	비슷 phase 국면	참고 curtain 막

★★★★☆ _0065

memory

[mémәri]

ⓝ 기억, 기념

» a man of short memory 잘 잊어버리는 사람
» the memory of old days 지난날의 추억

★★★★☆ _0066

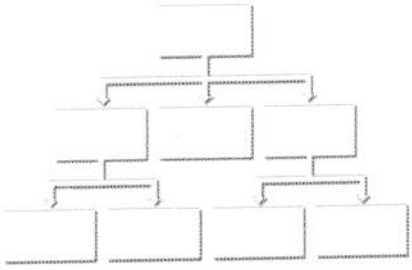

system

[sístәm]

1. ⓝ 체계, 계통
2. ⓝ 방식, 질서

» a system of railroads 철도 체계
» the system of government 통치 제도

❑ I have a good memory.
나는 기억력이 좋다.

❑ I will tell you about the school system in Korea.
한국의 교육 제도에 대해 말씀드리겠습니다.

동 memorize 기억하다	명 memorial 기념물	비슷 remembrance 기억
형 systematic 조직적인	비슷 structure 구조	비슷 organization 조직체

★★★★★ _0067

purpose

[pə́ːrpəs]

ⓝ 목적, 의도

» on purpose 일부러
» accomplish one's purpose 목적을 완수하다

★★★☆☆ _0068

lake

[leik]

ⓝ 호수, 연못

» sail on the lake 호수에서 배를 타다
» the Great Lakes 미국의 5대호

❑ Everybody has their purpose in life.
누구나 인생의 목표가 있다.

❑ I had my vacation at the lake.
나는 호수에서 휴가를 보냈다.

비슷 goal 목적	비슷 objective 목표	비슷 aim 목표
비슷 pond 연못	참고 river 강	참고 valley 계곡

★★★☆☆ _0069

boat

[bout]

ⓝ 보트, 배

» fishing boat 어선
» take a boat at Busan 부산에서 배를 타다

★★★☆☆ _0070

weekend

[wí:kènd]

ⓝ 주말

» on a weekend 주말에
» a weekend journey 주말여행

❏ They crossed the river by boat.
그들은 배로 강을 건넜다.

❏ Have a nice weekend.
주말 잘 보내세요.

명 boating 뱃놀이	비슷 ship 배	비슷 vessel 배
참고 holiday 공휴일	참고 weekday 평일	참고 weekly 매주의

★★☆☆☆ _0071

medal

[médl]

ⓝ 메달, 훈장

» win a gold medal 금메달을 따다
» the Medal of Honor 명예 훈장

★★★★★ _0072

trust

[trʌst]

1. ⓝ 믿음, 신뢰, 신용
2. ⓥ 믿다, 맡기다

» Trust me. 내 말을 믿어라.
» trust him with one's money 그에게 돈을 맡기다

❑ She won the gold medal in a swimming race.
그녀는 수영경기에서 금메달을 땄다.

❑ Our relationship should be based on trust.
우리의 관계는 신뢰에 기반을 두어야 한다.

비슷 award 상	참고 reward 보상	참고 medalist 메달 수상자
비슷 credit 신용	비슷 confidence 신임	비슷 faith 믿음

★★★☆☆ _0073

shore

[ʃɔːr]

ⓝ 물가, 해안

» go on shore 상륙하다
» the shores of a lake 호숫가, 호반

★★★☆☆ _0074

toe

[tou]

ⓝ 발가락

» big toe 엄지발가락
» little toe 새끼발가락
» from top to toe 머리끝에서 발끝까지

❑ The waves were beating hard against the shore.
파도가 해안에 세차게 부딪히고 있었다.

❑ This shoe is pressing on my toes.
이 신발은 발가락을 조인다.

비슷 coast 해안	비슷 beach 해변	참고 bank 둑, 제방
반대 finger 손가락	참고 heel 뒤꿈치	참고 step 걸음

★★★★☆ _0075

piece

[piːs]

1. ⓝ 조각, 파편
2. ⓝ 부분, 일부

» a piece of cake 케이크 한 조각
» tear to pieces 찢어서 조각을 내다

★★★★☆ _0076

future

[fjúːtʃər]

1. ⓝ 미래
2. ⓝ 장래성, 가망

» in the distant future 먼 장래에
» a future leader of the State 장차 국가의 지도자

❑ Let me give you a piece of advice.
제가 충고 한마디 할게요.

❑ I want to be a doctor in the future.
나는 장래에 의사가 되고 싶다.

비슷 portion 부분	비슷 part 부분	반대 whole 전체
반대 past 과거	비슷 hope 희망	참고 present 현재

★★★☆☆ _0077

service

[sə́ːrvis]

ⓝ 봉사, 공공업무

» a public service 공공 봉사
» the intelligence service 정보부

★★★☆☆ _0078

glass

[glæs]

1. ⓝ 유리, 유리잔
2. ⓝ 안경 (glasses)

» colored glass 색유리
» a glass of water 물 한 잔

❑ I'd like to order room service.
룸서비스를 주문하고 싶어요.

❑ I'd like a glass of juice please.
주스 한 잔 주세요.

동 serve 봉사하다 비슷 attendance 출석, 시중 참고 servant 하인
비슷 cup 잔 참고 bowl 사발 참고 vessel 그릇

★★★★☆ _0079

speech

[spiːtʃ]

ⓝ 말, 연설

» give a speech 연설을 하다
» freedom of speech 언론의 자유

★★★★☆ _0080

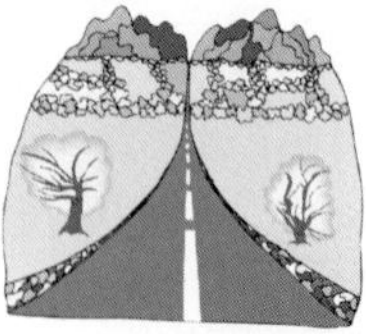

road

[roud]

ⓝ 길, 도로

» the Silk Road 비단길
» the road to success 성공에 이르는 방법

❏ Man alone has the gift of speech.
인간만이 말을 할 수 있는 능력을 가지고 있다.

❏ This road is crowded with cars.
이 길은 차로 꽉 차 있다.

동 speak 말하다	비슷 address 연설	비슷 talk 이야기
비슷 path 작은 길	비슷 street 거리	비슷 way 길, 방법

★★★☆☆ _0081

hill

[hil]

ⓝ 언덕, 작은 산

» go up a hill 언덕을 오르다
» a gently sloping hill 완만하게 경사진 언덕

★★★★★ _0082

order

[ɔ́ːrdər]

1. ⓝ 순서, 차례, 주문
2. ⓥ 명령하다, 주문하다

» cancel an order 주문을 취소하다
» arrange in alphabetical order 알파벳순으로 배열하다

❑ Can you see that house on top of the hill over there?
저기 언덕 위의 집이 보이니?

❑ The commander ordered his men to advance.
사령관은 부하들에게 전진하라고 명령했다.

비슷 slope 비탈	비슷 mound 작은 언덕	참고 upland 고지대
비슷 command 명령하다	비슷 direction 지시	반대 follow 따르다

★★★☆☆ _0083

kid

[kid]

1. ⓝ 아이
2. ⓝ 새끼염소

» have three kids 세 명의 아이를 두다
» the king of the kids of the neighborhood 골목대장

★★☆☆☆ _0084

toilet

[tɔ́ilit]

ⓝ 화장실, 욕실

» go in the toilet 화장실에 가다
» make one's toilet 화장하다, 몸단장하다

❑ The couple has only one kid.
그 부부에게는 아이가 딱 하나 있다.

❑ I'm just going to toilet.
잠깐 화장실에 갑니다.

비슷 child 어린이　비슷 infant 유아　반대 adult 성인
비슷 restroom 화장실　비슷 bathroom 욕실　참고 men's room 남자 화장실

★★★★☆ _0085

pleasure [pléʒər] ⓝ 기쁨, 즐거움

» a great pleasure 커다란 기쁨
» the pleasure of reading 독서의 즐거움

★★★★☆ _0086

citizen [sítəzən] ⓝ 시민, 민간인

» a citizen of Seoul 서울 시민
» a middle-class citizen 중산층 시민

동 please 기쁘게 하다　형 pleasant 즐거운　비슷 joy 기쁨
명 citizenship 시민권　비슷 civilian 민간인　참고 city 도시

★★★★★ _0087

relation [riléiʃən] ⓝ 관계, 관련

» human relations 인간 관계
» maintain friendly relations 우호 관계를 유지하다

★★★★☆ _0088

job [dʒɑb] ⓝ 직업, 일자리, 일

» get a job 일자리를 얻다
» a good job 잘된 일, 좋은 직업

동 relate 관련짓다　명 relative 친척　비슷 connection 연결
형 jobless 실업의　비슷 occupation 직업　비슷 work 일

★★★★★ _0089

economy [ikánəmi]

1. ⓝ 경제, 경기
2. ⓝ 절약

» national economy 국가 경제
» economy of time and labor 시간과 수고의 절약

★★★★☆ _0090

fear [fiər]

ⓝ 두려움, 불안

» the fear of death 죽음의 공포
» cry out for fear 겁나서 소리지르다

형 economic 경제상의 형 economical 검소한, 경제적인 비슷 saving 절약
형 fearful 두려운 비슷 horror 무서움 비슷 fright 공포

★★★☆☆ _0091

meal [miːl]

ⓝ 식사, 한 끼의 식사

» have five meals a day 하루에 다섯 끼를 먹다
» eat between meals 간식하다

★★★☆☆ _0092

skill [skil]

ⓝ 기술, 기능

» a man of skill 숙련자
» excellent in individual skill 개인기가 뛰어난

참고 breakfast 아침식사 참고 lunch 점심 참고 dinner 저녁
형 skillful 숙련된 비슷 technique 기술 참고 trick 속임수, 기교

★★★☆☆ _0093

line [lain] ⓝ 선, 줄, 노선

» draw a line 선을 긋다, 한계를 정하다
» bus line 버스 노선

★★★☆☆ _0094

size [saiz] ⓝ 크기, 치수

» a real size 실물 크기
» try one for size 크기가 맞는지 입어보다

비슷 row 줄, 열 | 참고 wire 전선 | 참고 airline 항공 노선
참고 height 높이 | 참고 breadth 폭 | 참고 extent 넓이

★★★☆☆ _0095

anyone [éniwʌ̀n]

1. *pron.* 누구든지
2. *pron.* 누가, 누군가 (의문문 · 부정문에서)

» Anyone can do it. 누구든지 그걸 할 수 있다.
» Is anyone listening? 누구 듣는 사람 있어요?

★★★☆☆ _0096

rock [rɑk] ⓝ 바위, 돌

» a huge rock 거대한 바위
» a house built on the rock 반석 위에 세운 집

비슷 anybody 누구든지 | 비슷 any person 누구든지 | 참고 anytime 언제든지
형 rocky 암석이 많은 | 비슷 stone 돌 | 참고 sand 모래

★★★☆☆ _0097

metal [métl] ⓝ 금속

» heavy metals 중금속
» a kind of precious metals 귀금속의 일종

★★★★★ _0098

response [rispɑ́ns]

1. ⓝ 응답, 대답
2. ⓝ 반응

» a quick response 즉답
» responses to sound 소리에 대한 반응

참고 iron 철	참고 lead 납	참고 copper 구리
동 respond 반응하다	비슷 reply 응답	참고 silence 침묵

★★★★★ _0099

experience [ikspíəriəns] ⓝ 경험

» learn by experience 경험을 통해 배우다
» a strange experience 이상한 경험

★★☆☆☆ _0100

wire [waiər] ⓝ 전선, 철사

» telephone wire 전화선
» lay electric wires 전선을 깔다

형 experienced 경험있는	참고 experiment 실험	참고 observation 관찰
형 wired 유선의	형 wireless 무선의	참고 cable 피복 전선

Review Test 1

1 다음 각 단어의 알맞은 뜻을 연결하시오.

1. rule	결혼
2. joy	시민
3. prize	규칙
4. citizen	기쁨
5. marriage	문제
6. share	상
7. problem	기술
8. toilet	목적
9. skill	나누다
10. purpose	화장실

» **Answers**

1. 규칙 **2**. 기쁨 **3**. 상 **4**. 시민 **5**. 결혼 **6**. 나누다 **7**. 문제
8. 화장실 **9**. 기술 **10**. 목적

2 **다음 빈칸에 알맞은 단어를 보기에서 골라 쓰시오.**

job	taste	comfort	throat
sale	value	waste	island

1. get a ________
   일자리를 얻다
2. live in ________
   평안하게 살다
3. a person of no ________
   취미가 없는 사람
4. have no time to ________
   허비할 시간이 없다
5. artistic ________
   예술적 가치
6. a desert ________
   무인도
7. clear one's ________
   목청을 가다듬다
8. for ________
   판매 중

» **Answers**

1. job **2**. comfort **3**. taste **4**. waste **5**. value **6**. island
7. throat **8**. sale

3 다음 빈칸에 알맞은 단어를 보기에서 골라 쓰시오.

bread	pleasure	experience
result	line	question

1. May I ask you a ________ ?
   질문 하나 해도 될까요?
2. Stand in ________, please.
   줄을 서 주세요.
3. Man can't live by ________ alone.
   사람은 빵만으로는 살 수 없다.
4. The ________ doesn't matter.
   결과는 중요하지 않다.
5. learn by ________
   경험을 통해 배우다
6. It's my ________ to meet you.
   만나 뵙게 되어 반갑습니다.

» **Answers**

1. question **2**. line **3**. bread **4**. result **5**. experience
6. pleasure

4 다음 표시된 말의 알맞은 해석을 쓰시오.

1. a big frog in a small pond
   ____
2. economy of time and labor
   ____
3. big toe
   ____
4. Trust me.
   ____
5. a piece of cake
   ____
6. take a little rest
   ____
7. cancel an order
   ____
8. a public service
   ____

» **Answers**

1. 우물 **2**. 절약 **3**. 발가락 **4**. 믿다 **5**. 조각 **6**. 휴식 **7**. 주문
8. 봉사

Chapter 2

기초단어 400 명사편 II

PREVIEW

- ☐ speed
- ☐ price
- ☐ noise
- ☐ palace
- ☐ hero
- ☐ button
- ☐ east
- ☐ support
- ☐ class
- ☐ mountain
- ☐ neck
- ☐ fool
- ☐ shade
- ☐ church
- ☐ tower
- ☐ peace
- ☐ military
- ☐ rain
- ☐ cabin
- ☐ shame
- ☐ pair
- ☐ point
- ☐ member
- ☐ shape
- ☐ beach
- ☐ solution
- ☐ fault
- ☐ bottom
- ☐ wood
- ☐ branch
- ☐ secret
- ☐ army
- ☐ mistake
- ☐ sir
- ☐ battle
- ☐ breath
- ☐ leg
- ☐ attack
- ☐ star
- ☐ center
- ☐ structure
- ☐ giant
- ☐ tax
- ☐ instrument
- ☐ sea
- ☐ factory
- ☐ thought
- ☐ shirt
- ☐ prison
- ☐ test
- ☐ pool
- ☐ silver
- ☐ pressure
- ☐ oil
- ☐ soldier
- ☐ shoulder
- ☐ wine
- ☐ meat
- ☐ kitchen
- ☐ tail
- ☐ ocean
- ☐ bench
- ☐ side
- ☐ profit
- ☐ writer
- ☐ sight
- ☐ temple
- ☐ role
- ☐ sense
- ☐ park
- ☐ assembly
- ☐ harbor
- ☐ space
- ☐ death
- ☐ plane
- ☐ airport
- ☐ grass
- ☐ cash
- ☐ window
- ☐ act
- ☐ film
- ☐ water
- ☐ dress
- ☐ carpet
- ☐ magazine
- ☐ site
- ☐ age
- ☐ person
- ☐ source
- ☐ traffic
- ☐ mile
- ☐ series
- ☐ nothing
- ☐ anything
- ☐ number
- ☐ subject
- ☐ million
- ☐ score
- ☐ daughter
- ☐ sort

★★★★☆ _0101

speed

[spi:d]

ⓝ 속도, 속력

» the speed of light 광속, 빛의 속도
» with all speed 전속력으로

★★★★☆ _0102

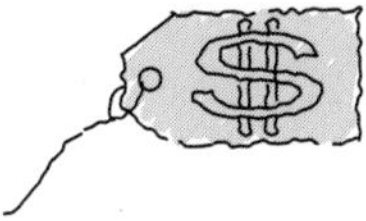

price

[prais]

ⓝ 가격, 값

» a consumer price 소비자가
» lower the price 가격을 내리다

❑ The car has a top speed of 180 km per hour.
이 차의 최고 속도는 시속 180킬로이다.

❑ House prices are falling.
집값이 떨어지고 있다.

형 speedy 신속한	참고 pace 걸음, 속도	참고 rate 율, 속도
비슷 fee (서비스) 요금	비슷 fare (교통) 요금	참고 value 가치

★★★★☆ _0103

noise

[nɔiz]

1. ⓝ 소음, 잡음
2. ⓝ 소리

» a traffic noise 교통소음
» make a strange noise 이상한 소리를 내다

★★★☆☆ _0104

palace

[pǽlis]

ⓝ 궁전, 궁궐

» a splendid palace 웅대한 궁전
» the Gyeongbok palace 경복궁

❑ Don't make a noise, keep quiet.
떠들지 말고 조용히 좀 해.

❑ I used to stroll along the walls of Deoksu palace.
나는 덕수궁 담을 따라 거닐곤 했다.

형 noisy 소란한	비슷 sound 소리	반대 silence 침묵
비슷 castle 성	반대 cottage 작은 집	참고 dwelling 사는 집

★★★☆☆ _0105

hero

[híərou]

1. ⓝ 영웅
2. ⓝ (연극, 드라마) 남자 주인공

» a national hero 국민적 영웅
» the character of the hero 주인공의 성격

★★☆☆☆ _0106

button

[bʌ́tn]

ⓝ 단추, 버튼

» push the button 버튼을 누르다
» fasten buttons 단추를 채우다

❑ His success has made him a national hero.
그의 성공은 그를 국가적 영웅으로 만들었다.

❑ He pressed the button.
그는 단추를 눌렀다.

형 heroic 영웅의 비슷 leading role 주인공역 반대 heroine 여자 주인공
형 buttonless 단추가 없는 참고 buttonhole 단춧구멍 참고 knot 매듭

★★★★☆ _0107

east

[iːst]

ⓝ 동쪽, 동부

» the East and West 동양과 서양
» a house facing east 동쪽으로 향한 집

★★★★★ _0108

support

[səpɔ́ːrt]

1. ⓝ 지지, 원조
2. ⓥ 지지하다, 부양하다

» support one's parents 부모를 부양하다
» support a wall with a post 벽을 기둥으로 떠받치다

❑ The sun rises in the east.
해는 동쪽에서 뜬다.

❑ We cannot make this plan successful without his support.
그의 지원 없이는 이 계획을 성공시킬 수 없다.

형 eastern 동쪽의	반대 west 서쪽	참고 East Sea 동해(東海)
명 supporter 지지자	비슷 help 돕다	비슷 assist 지원하다

★★★★☆ _0109

class

[klæs]

1. ⓝ 학급, 반
2. ⓝ 계급, 등급

» organize a class 학급을 편성하다
» the middle class 중류층

★★★★☆ _0110

mountain

[máuntən]

ⓝ 산

» the top of a mountain 산꼭대기
» a lonely mountain path 호젓한 산길

❏ I am the student leader for the class.
나는 학급 반장입니다.

❏ I like mountain climbing.
나는 등산을 좋아합니다.

동 classify 분류하다	명 classroom 교실	비슷 grade 등급
동 mount (산을) 오르다	참고 mound 언덕	참고 hill 언덕

★★★☆☆ _0111

neck

[nek]

ⓝ 목

» the neck of a bottle 병목
» a very slender neck 아주 가는 목

★★★☆☆ _0112

fool

[fuːl]

ⓝ 바보, 멍청이

» play the fool 바보짓을 하다
» look like a fool 바보같이 보이다

❑ She has a green scarf around her neck.
그녀는 녹색 스카프를 목에 두르고 있다.

❑ Don't take him for a fool.
그를 바보로 착각하지 마라.

참고 necklace 목걸이 참고 wrist 손목 참고 ankle 발목
형 foolish 어리석은 비슷 idiot 천치 참고 pool 연못

★★★☆☆ _0113

shade

[ʃeid]

ⓝ 그늘, 응달

» light and shade 빛과 그늘
» take a rest in the shade of a tree 나무 그늘에서 쉬다

★★★☆☆ _0114

church

[tʃəːrtʃ]

ⓝ 교회

» go to church 예배 보러 가다
» as poor as a church mouse 몹시 가난한

❑ The lion lay in the shade.
사자는 그늘에 누웠다.

❑ I am a Christian and go to church on Sundays.
전 크리스천이고 일요일마다 교회에 갑니다.

비슷 gloom 어둠 참고 shadow 그림자 참고 darkness 어둠
비슷 chapel 예배당 참고 churchgoer 교회 다니는 사람 참고 cathedral 대성당

★★★☆☆ _0115

tower

[táuər]

ⓝ 탑, 고층 빌딩

» a clock tower 시계탑
» tower of ivory 상아탑

★★★★☆ _0116

peace

[piːs]

ⓝ 평화, 평온

» war and peace 전쟁과 평화
» a Nobel Peace Prize winner 노벨 평화상 수상자

❏ The plane tried to contact the control tower.
그 비행기는 관제탑과 연락을 시도했다.

❏ There seems little hope for world peace.
세계 평화가 찾아올 희망이 없는 것처럼 보인다.

비슷 pagoda 탑	비슷 spire 뾰족탑	참고 monument 기념비
형 peaceful 평화로운	반대 war 전쟁	참고 harmony 조화

★★★★☆ _0117

military

[míliteri]

1. ⓝ 군대, 육군
2. ⓐ 군대의, 군사의

» a military academy 육군사관학교
» perform military duties 군 복무를 하다

★★★★☆ _0118

rain

[rein]

ⓝ 비

» a drop of rain 비 한 방울
» in spite of the rain 비가 오는데도 불구하고

❑ The term of military service was diminished to two years.
군 복무기간이 2년으로 줄었다.

❑ It never rains but it pours.
비가 올 때는 항상 억수같이 퍼붓는다.

비슷 army 군대	참고 troop 부대	참고 navy 해군
형 rainy 비가 오는	참고 shower 소나기	참고 mist 안개

★★★☆☆ _0119

cabin

[kǽbin]

ⓝ 오두막집, 선실, 객실

» Uncle Tom's Cabin 톰 아저씨의 오두막
» a first-class cabin 1등 선실

★★★★☆ _0120

shame

[ʃeim]

ⓝ 부끄러움, 수치, 치욕

» have a sense of shame 수치심을 느끼다
» Shame on you! 부끄러운 줄 알아라!

❑ I lived in a cabin with my grandparents long ago.
나는 오래 전 할아버지 할머니와 함께 오두막에서 살았다.

❑ Her cheeks went red as a rose with shame.
그녀의 두 뺨은 부끄러운 나머지 홍당무가 되었다.

비슷 hut 오두막	참고 cottage 시골집	참고 residence 주거
비슷 dishonor 수치	비슷 disgrace 불명예	비슷 regret 유감

★★★★☆ _0121

pair

[pεər]

ⓝ 한 쌍, 한 벌

» a pair of glasses 안경 한 개
» make a good pair 좋은 한 쌍을 이루다

★★★☆☆ _0122

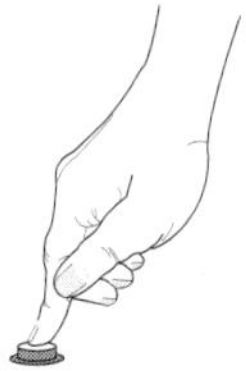

point

[pɔint]

1. ⓝ 점, 점수
2. ⓝ 요점, 핵심

» a turning point 전환점
» the point of the story 이야기의 핵심

❑ I bought a pair of shoes for 75,000 won.
나는 구두 한 켤레를 75,000원에 샀다.

❑ I see your point.
무슨 말인지 알겠어요.

비슷 couple 한 쌍 참고 twin 쌍둥이 참고 duo 이중주, 2인조
비슷 spot 점 비슷 dot 점 비슷 score 점수

★★★★☆ _0123

member

[mémbər]

ⓝ 회원, 일원

» a member of a club 클럽의 회원
» a regular member 정규 회원

★★★★☆ _0124

shape

[ʃeip]

ⓝ 모양, 모습

» body shape 몸매
» stones of various shapes 갖가지 모양의 돌

❑ There are six members in my family.
우리 가족은 여섯 명입니다.

❑ It resembles a ball in shape.
그것의 모습은 공처럼 생겼어.

명 membership 회원자격 비슷 constituent 구성물 참고 extra member 특별회원
비슷 form 형태 비슷 figure 형상 비슷 condition 상태

★★★☆☆ _0125

beach

[biːtʃ]

ⓝ 해변, 바닷가

» on a sandy beach 모래 해변에서
» a private beach for the hotel 호텔 전용 해변

★★★★★ _0126

solution

[səljúːʃən]

1. ⓝ 해결, 해답
2. ⓝ 녹임, 용해

» the solution of the problem 문제의 해답
» a solution of sugar 설탕의 용해

❑ He was taking a holiday at the beach.
그는 해변에서 휴가를 보내고 있었다.

❑ That's no solution.
그건 해결책이 아니에요.

비슷 coast 연안 비슷 shore 호숫가 비슷 seaside 해변
동 solve 풀다 비슷 explanation 설명, 해석 참고 settlement 정착, 해결

★★★★★ _0127

fault

[fɔːlt]

ⓝ 잘못, 결점

» a fault in the wiring 배선의 결함
» a man of many faults 결점이 많은 사람

★★★★☆ _0128

bottom

[bɑ́təm]

ⓝ 아랫부분, 바닥, 기초

» the bottom of a tree 나무의 밑동
» Bottoms up! 건배! (잔이 거꾸로 향하도록 쭉 들이켜라)

❑ It's not your fault.
네 잘못이 아냐.

❑ I thank you from the bottom of my heart.
마음속 깊이 감사드려요.

비슷 defect 결함	반대 strength 힘, 강점	반대 merit 장점
비슷 basis 기초	비슷 foundation 기초	반대 top 꼭대기

★★★★☆ _0129

wood

[wud]

ⓝ 나무, 목재

» a virgin wood 원시림
» chop wood with an ax 도끼로 장작을 쪼개다

★★★★☆ _0130

branch

[bræntʃ]

1. ⓝ 나뭇가지
2. ⓝ 지사, 부문, 분파

» a branch of science 과학의 한 분야
» the olive branch, a symbol of peace
평화의 상징, 올리브 가지

❑ Tony carved a statue out of wood.
토니는 나무로 조각상을 만들었다.

❑ The company just opened a branch in Suwon.
그 회사는 수원에 지점을 열었다.

형 wooden 나무로 된	비슷 timber 목재	참고 forest 삼림
비슷 bough 큰 가지	반대 root 뿌리	반대 head office 본점

★★★★★ _0131

secret

[síːkrit]

1. ⓝ 비밀, 비법
2. ⓐ 비밀의

» a secret of one's success 성공의 비결
» a secret place 비밀스런 장소

★★★★☆ _0132

army

[áːrmi]

ⓝ 군대, 육군

» serve in the army 군에 복무하다
» an officer in the army 육군 장교

❑ Let's keep it secret.
비밀로 합시다.

❑ He left the army.
그는 제대했다.

비슷 mystery 비밀	비슷 hidden 숨겨진	반대 public 공개적인
비슷 military 군대	참고 navy 해군	참고 air forces 공군

★★★★☆ _0133

mistake

[mistéik]

1. ⓝ 잘못, 실수
2. ⓝ 오해, 착각

» admit one's mistake 잘못을 인정하다
» make a mistake in calculation 잘못 계산하다

★★★☆☆ _0134

sir

[səːr]

ⓝ 님, 귀하, 선생님

» sir priest 목사님
» Good morning, sir? 안녕하십니까, 선생님?

❑ You have to admit your mistake.
너는 너의 실수를 인정해야 한다.

❑ What will you have, sir?
뭘 사시겠어요, 손님?

비슷 error 실수　비슷 blunder 큰 실수　비슷 misunderstanding 오해
참고 ma'am 부인　참고 guy 녀석　참고 lady 숙녀

★★★★☆ _0135

battle

[bǽtl]

1. ⓝ 전투, 싸움
2. ⓥ 싸우다

» win a battle 싸움에 이기다
» the scene of a famous battle 유명한 전투가 있었던 현장

★★★★★ _0136

breath

[breθ]

ⓝ 숨, 호흡

» draw a deep breath 심호흡을 하다
» catch one's breath 숨소리를 죽이다

❑ A defeated general should not talk of battles.
싸움에 진 장수는 전투를 논할 수 없다.

❑ You can see your breath on a cold day.
추운 날에는 자기가 숨쉬는 것을 볼 수 있다.

비슷 war 전쟁　비슷 combat 전투　비슷 fight 싸움
동 breathe 숨쉬다　형 breathless 숨쉴 수 없는　비슷 respiration 호흡

★★★☆☆ _0137

leg

[leg]

ⓝ 다리

» a runner of iron legs 철각을 가진 달리기 선수
» a woman with shapely legs 각선미가 좋은 여자

★★★★☆ _0138

attack

[ətǽk]

1. ⓝ 공격, 습격
2. ⓥ 공격하다, 습격하다

» an attack missile 공격용 미사일
» attack an enemy at dawn 새벽에 적을 공격하다

❏ He lost his left leg in the war.
그는 전쟁터에서 왼쪽 다리를 잃었다.

❏ Attack is the best form of defense.
공격이 최선의 방어이다.

참고 four-legged 다리가 네 개인	참고 arm 팔	참고 foot 발
비슷 assault 공격하다	반대 defend 방어하다	반대 protect 막다

★★★☆☆ _0139

star

[stɑːr]

ⓝ 별, 인기 배우

» a falling star 별똥별
» a Broadway star 브로드웨이의 스타

★★★★☆ _0140

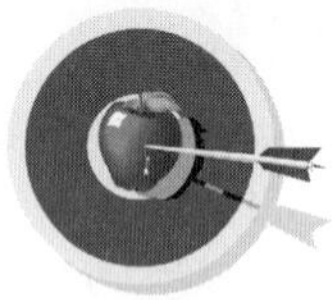

center

[séntər]

ⓝ 중앙, 중심

» the center of the room 방의 한가운데
» an urban center 도시의 중심가

❑ Last night I saw a shooting star.
간밤에 나는 별똥별을 보았다.

❑ New York is the commercial center of the American people.
뉴욕은 미국 사람들의 상업 중심지이다.

참고 planet 행성	참고 comet 혜성	참고 sun 태양
형 central 중심의, 중앙의	비슷 middle 한가운데	참고 suburb 교외

★★★★★ _0141

structure

[strʌ́ktʃər]

1. ⓝ 구조, 조직
2. ⓝ 건물

» the structure of government 정부 조직
» a stone structure 석조 건물

★★★☆☆ _0142

giant

[dʒáiənt]

1. ⓝ 거인
2. ⓐ 거대한, 위대한

» an artistic giant 예술 거장
» a giant television screen 초대형 TV 스크린

❑ That old bridge was an iron structure.
저 오래된 다리는 철로 만들어진 구조물이다.

❑ There were many giants in those days.
그 시절에는 많은 거인들이 있었다.

비슷 building 건물 비슷 organization 조직 비슷 system 체계
비슷 titan 거인 반대 dwarf 소인 참고 extra-large 특대

★★★★☆ _0143

tax

[tæks]

ⓝ 세금, 조세

» a tax notice 납세 고지서
» impose a tax 세금을 부과하다

★★★★☆ _0144

instrument

[ínstrəmənt]

ⓝ 기구, 도구

» musical instruments 악기
» a sharp instrument 날카로운 연장

❑ What do you earn before tax?
세전 소득이 얼마입니까?

❑ She wants to play a string instrument such as the cello.
그녀는 첼로 같은 현악기를 연주하고 싶어한다.

비슷 duty 의무, 세금	참고 tax-free 면세의	참고 tariff 관세
비슷 tool 도구	비슷 device 장치	비슷 means 수단

★★★☆☆ _0145

sea

[siː]

ⓝ 바다

» the Red Sea 홍해
» The Old Man and the Sea 노인과 바다 (소설)

★★★★☆ _0146

factory

[fǽktəri]

ⓝ 공장

» a glass factory 유리 공장
» work at a factory 공장에서 일하다

❑ I'd like to live by the sea.
바닷가에서 살고 싶어요.

❑ You are too young to work in this factory.
너는 너무 어려서 이 공장에서 일할 수 없어.

비슷 ocean 큰 바다 반대 land 육지 참고 gulf 만
비슷 workshop 작업장 참고 company 회사 참고 firm 회사

★★★★☆ _0147

thought

[θɔːt]

1. ⓝ 생각, 사상
2. ⓥ think의 과거 · 과거분사

» after much thought 많이 생각한 뒤에
» modern thought 근대 사상

★★★☆☆ _0148

shirt

[ʃəːrt]

ⓝ 셔츠, 와이셔츠

» put on a shirt 셔츠를 입다
» white shirts and black ties 흰 셔츠와 검정 넥타이

❑ Let me give it some thought.
좀 생각해 보지요.

❑ She sewed buttons on the shirt.
그녀는 셔츠에 단추를 달았다.

형 thoughtful 생각이 깊은	비슷 idea 생각	비슷 thinking 생각
참고 jacket 양복 웃옷	참고 suit 신사복 한 벌	참고 trousers 바지

★★★★☆ _0149

prison

[prízn]

ⓝ 감옥, 교도소

» a prison without bars 창살 없는 감옥
» be released from prison 감옥에서 석방되다

★★★☆☆ _0150

test

[test]

ⓝ 시험, 검사

» an oral test 구두시험, 면접고사
» a blood test 혈액검사

❑ He escaped from prison.
그는 탈옥했다.

❑ The test starts at nine o'clock.
시험은 9시 정각에 시작된다.

명 prisoner 죄수	비슷 jail 교도소	참고 criminal 범죄자
비슷 examination 시험	비슷 quiz (간단한) 시험	참고 trial 시도

★★★☆☆ _0151

pool

[pu:l]

1. ⓝ 작은 연못, 저수지
2. ⓝ 수영장

» a pool of water 고인 물
» a swimming pool 수영장

★★★☆☆ _0152

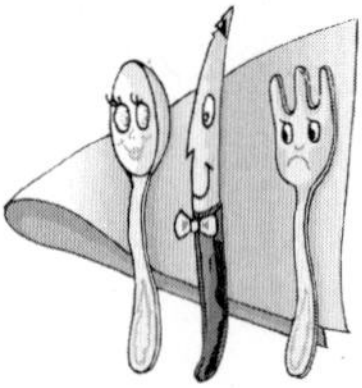

silver

[sílvər]

ⓝ 은

» silver ware 은 그릇
» the value of silver 은의 가치

❑ Swimming pool is free for the hotel guest.
수영장은 호텔 투숙객에게 무료입니다.

❑ This ring is made of silver.
이 반지는 은으로 만들어졌다.

참고 tank (물, 기름) 탱크　참고 dam 댐, 둑　참고 stream 시냇물
참고 gold 금　참고 bronze 청동　참고 gray 회색

★★★★☆ _0153

pressure

[préʃər]

ⓝ 압력, 압박, 누르기

» blood pressure 혈압
» pressure on public opinion 언론에 대한 억압

★★★☆☆ _0154

oil

[ɔil]

ⓝ 기름

» cooking oil 식용유
» the annual yield of crude oil 원유의 연간 생산량

❑ I have low blood pressure.
나는 저혈압이다.

❑ What types of cooking oil is best for cooking?
어떤 종류의 식용유가 요리에 가장 좋은가?

동 press 누르다	형 pressing 긴급한	비슷 stress 압박
참고 gasoline 휘발유	참고 petroleum 석유	참고 light oil 경유

★★★★☆ _0155

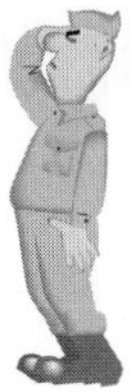

soldier

[sóuldʒər]

ⓝ 군인

» a great soldier 훌륭한 군인
» the tomb of an unknown soldier 무명 군인의 묘

★★★☆☆ _0156

shoulder

[ʃóuldər]

ⓝ 어깨

» broad shoulders 떡벌어진 어깨
» Shoulder arms! 어깨 총!

❑ The soldier yelled with pain.
그 군인은 아픈 나머지 소리를 질렀다.

❑ I have a stiff shoulder.
나는 어깨가 뻐근하다.

비슷 military 군대	비슷 army 육군	참고 officer 장교
참고 breast 가슴	참고 stomach 위, 배	참고 back 등

★★★☆☆ _0157

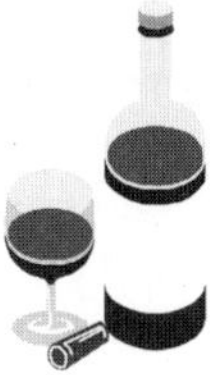

wine

[wain]

ⓝ 포도주, 술

» red wine 적포도주
» talk over a bottle of wine 술을 마시며 얘기하다

★★★★☆ _0158

meat

[miːt]

ⓝ 고기

» frozen meat 얼린 고기
» a piece of meat 고기 한 점

❑ Shall we have a bottle of wine with dinner?
저녁 식사를 하면서 포도주를 한 병 곁들일까요?

❑ This meat is really tough.
이 고기는 정말 질기다.

비슷 alcohol 술	참고 beer 맥주	참고 grape 포도
참고 beef 소고기	참고 pork 돼지고기	참고 vegetable 야채

★★★☆☆ _0159

kitchen

[kítʃən]

ⓝ 부엌

» a kitchen knife 부엌칼
» keep the kitchen clean 부엌을 깨끗이 하다

★★★☆☆ _0160

tail

[teil]

ⓝ 꼬리, 끝, 말단

» a dog's tail 개꼬리
» the tail of the eye 눈초리

❑ This kitchen is very badly planned.
이 부엌은 대단히 불편하게 되어 있다.

❑ Better be the head of a lizard than the tail of a dragon.
용 꼬리보다 뱀 머리가 낫다.

비슷 cookroom 취사장	참고 cook 요리사	참고 kettle 주전자
반대 head 머리	참고 tag 꼬리표	참고 tailor 재단사

★★★★☆ _0161

ocean

[óuʃən]

ⓝ 바다, 해양, 큰 바다

» the Pacific Ocean 태평양
» the Five Oceans and the Six Continents 5대양 6대주

★★☆☆☆ _0162

bench

[bentʃ]

ⓝ 긴 의자, 벤치

» a park bench 공원의 벤치
» a player's bench 선수석

❑ The whole ocean is made up of single drops.
큰 바다도 물방울이 모여서 이루어진다.

❑ He sits down a player's bench.
그는 선수석에 앉아 있다.

비슷 sea 바다	참고 lake 호수	참고 continent 대륙
비슷 chair 의자	비슷 couch 소파	비슷 sofa 소파

★★★★☆ _0163

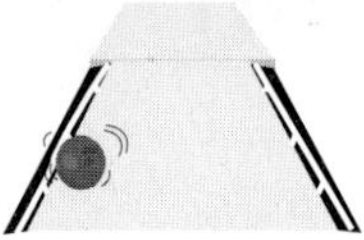

side

[said]

1. ⓝ 옆, 쪽, 측면
2. ⓝ 옆구리

» a bright side 밝은 면
» take a side road 옆길로 가다

★★★★☆ _0164

profit

[práfit]

ⓝ 이익, 이자

» a net profit 순이익
» make a good profit 많은 수익을 올리다

❑ Mother is always trying to look on the bright side.
어머니는 항상 밝은 면을 보려고 노력한다.

❑ There is no profit in drinking.
음주는 이로울 것이 하나도 없다.

참고 front 정면	참고 bottom 바닥	참고 border 경계, 가장자리
비슷 interest 이자	비슷 benefit 이익	반대 loss 손해

★★★★☆ _0165

writer

[ráitər]

ⓝ 저자, 작가

» a fiction writer 소설가
» a writer for the press 신문기자

★★★★★ _0166

sight

[sait]

ⓝ 시각, 시력

» at first sight 첫눈에
» have a good sight 시력이 좋다

❑ I made up my mind to become a writer.
나는 작가가 되기로 결심했다.

❑ She fell in love with him at first sight.
그녀는 첫눈에 그 남자와 사랑에 빠졌다.

동 write 쓰다	명 writing 집필	비슷 author 작가
비슷 vision 시력	비슷 view 시선	참고 spectacle 광경, 안경

★★★★☆ _0167

temple

[témpəl]

ⓝ 신전, 사원

» the Bulguk temple 불국사
» a temple of the arts 미술의 전당

★★★★☆ _0168

role

[roul]

ⓝ 역할, 배역

» the title role 주제역, 주인공역
» the teacher's role in society 사회에서 교사의 역할

❑ This temple is located in dense forest.
이 사원은 빽빽한 숲속에 있다.

❑ Her sister had a leading role.
그녀의 동생이 주연을 맡았다.

비슷 church 예배당 비슷 mosque (이슬람교) 사원 비슷 cathedral 대성당
비슷 character 등장인물 비슷 part 역할 참고 function 기능

★★★★☆ _0169

sense

[sens]

1. ⓝ 감각
2. ⓝ 의미, 뜻

» a sense of humor 유머 감각
» a man of common sense 상식 있는 사람

★★★☆☆ _0170

park

[pɑːrk]

1. ⓝ 공원
2. ⓥ 주차하다

» Seoraksan National Park 설악산 국립공원
» parking lot 주차장

❑ Susan likes a man with a sense of humor.
수잔은 유머 감각이 있는 남자를 좋아한다.

❑ Let's meet at the park.
공원에서 만나자.

명 sensation 느낌 형 sensitive 민감한 비슷 feeling 느낌
비슷 garden 정원 참고 estate 사유지 참고 forest 숲

★★★★☆ _0171

assembly

[əsémbli]

ⓝ 집회, 회의, 모임

» freedom of assembly 집회의 자유
» the National Assembly 국회

★★★★☆ _0172

harbor

[háːrbər]

ⓝ 항구

» the mouth of harbor 항구 입구
» a good natural harbor 좋은 천연항

❑ He became a member of the National Assembly last year.
그는 지난해 국회의원이 되었다.

❑ The harbor was frozen over until late spring.
그 항구는 늦봄까지 얼어 있었다.

동 assemble 모으다	비슷 convention 회의	비슷 meeting 만남
비슷 port 항구	참고 airport 공항	참고 wharf 부두

★★★★☆ _0173

space

[speis]

1. ⓝ 공간, 우주
2. ⓝ 빈자리, 여백

» an empty space 빈 공간
» travel through space 우주여행을 하다

★★★★★ _0174

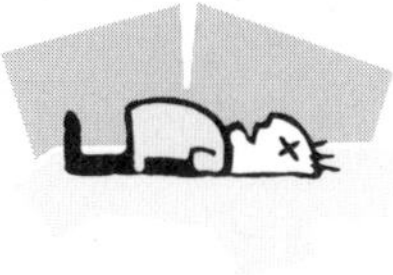

death

[deθ]

ⓝ 사망, 죽음

» die a sudden death 갑작스레 죽다
» choose death before dishonor
불명예보다 차라리 죽음을 택하다

❑ That big table takes up too much space in the office.
저 큰 테이블은 사무실 공간을 너무 많이 차지한다.

❑ Her death is still unexplained.
그녀의 사인은 아직 밝혀지지 않고 있다.

비슷 universe 우주 | 참고 spacecraft 우주선 | 참고 satellite 위성
동 die 죽다 | 형 dead 죽은 | 반대 life 삶

★★★★☆ _0175

plane

[plein]

1. ⓝ 비행기
2. ⓝ 평면, (결정체의) 면

» go to Jeju-do by plane 비행기로 제주도에 가다
» an inclined plane 경사면

★★★★☆ _0176

airport

[έərpɔ̀ːrt]

ⓝ 공항

» Incheon International Airport 인천국제공항
» airport facilities 공항 시설

❑ I have to catch a plane.
나는 비행기를 타야 합니다.

❑ They went to Kennedy Airport.
그들은 케네디 공항으로 갔다.

비슷 airplane 비행기 | 비슷 aircraft 항공기 | 비슷 level 평면
비슷 airfield 비행장 | 참고 aircraft carrier 항공모함 | 참고 port 항구

★★★☆☆ _0177

grass

[græs]

ⓝ 풀, 잔디

» lie on the grass 잔디 위에 눕다

» mountains and streams, plants and grass
산, 내, 나무와 풀 (산천초목)

★★★☆☆ _0178

cash

[kæʃ]

ⓝ 현금, 돈

» pay in cash 현금으로 지불하다

» cash a check 수표를 현금으로 바꾸다

❑ Keep off the grass.
잔디밭에 들어가지 마시오.

❑ I'm a little short of cash right now.
나는 지금 현금이 조금 부족하다.

비슷 lawn 잔디 참고 weed 잡초 참고 meadow 초원
참고 bill 지폐 참고 coin 동전 참고 check 수표

★★★☆☆ _0179

window

[wíndou]

ⓝ 창문

» a ticket window 매표 창구
» look out of the window 창밖을 내다보다

★★★★☆ _0180

act

[ækt]

1. ⓝ 행위, 행동
2. ⓥ 행하다, 연기하다

» an act of kindness 친절한 행위
» act according to the situation 상황에 따라 처신하다

❑ Is it all right if I close the window?
창문을 닫아도 될까요?

❑ Think before you act.
행동하기에 앞서 생각해라.

참고 gate 출입문	참고 entrance 입구	참고 portal 큰 정문
명 action 행동	명 actor 배우	형 active 활동적인

★★★☆☆ _0181

film

[film]

1. ⓝ 필름, 영화
2. ⓝ 얇은 껍질, 엷은 막

» a new film star 영화계의 새 스타
» a recently released film 최근에 개봉된 영화

★★★☆☆ _0182

water

[wɔ́:tər]

ⓝ 물

» a glass of water 물 한 잔
» live in water 물에서 살다

❑ I'd like to develop this film.
이 필름을 현상해 주세요.

❑ Oil and water will not mix.
기름과 물은 섞이지 않는다.

비슷 movie 영화 | 비슷 cinema 영화 | 참고 theater 극장
참고 liquid 액체 | 참고 beverage 음료수 | 참고 drink 음료

★★★☆☆ _0183

dress

[dres]

1. ⓝ 옷, 의복
2. ⓥ 옷을 입히다

» Korean traditional dress 한복
» be well dressed 훌륭한 옷차림을 하다

★★★☆☆ _0184

carpet

[kɑ́:rpit]

ⓝ 양탄자, 융단

» Persian carpet 페르시아 융단
» lay a carpet 양탄자를 깔다

❑ Where are you going with that dress?
도대체 그 옷을 입고 어디를 가느냐?

❑ Mom wanted to buy a Persian carpet.
엄마는 페르시아 양탄자를 사고 싶어했다.

비슷 clothes 옷 비슷 garment 의복 비슷 costume 의상
비슷 rug 깔개, 융단 참고 fabric 직물 참고 floor 바닥

★★★★☆ _0185

magazine [mægəzíːn] ⓝ 잡지

» a weekly magazine 주간지
» subscribe to a magazine 잡지를 구독하다

★★★★☆ _0186

site [sait]
1. ⓝ 대지, 용지
2. ⓝ 인터넷 사이트

» a building site 건축 용지
» Web site 웹사이트

비슷 journal 정기 발행물 참고 newspaper 신문 참고 daily 일간신문
비슷 lot 부지 비슷 place 장소 참고 locate 위치를 정하다

★★★★★ _0187

age [eidʒ]
1. ⓝ 나이
2. ⓝ 시대

» a young people at the age of sixteen 16세 젊은이
» the Iron Age 철기 시대

★★★★★ _0188

person [pə́ːrsən] ⓝ 사람, 개인

» a broad-minded person 포용력이 큰 사람
» a person of high rank 지위가 높은 사람

비슷 period 시대 참고 old 나이든 참고 middle-aged 중년의
형 personal 개인의 비슷 individual 개인 참고 somebody 아무개

★★★★☆ _0189

source [sɔːrs] ⓝ 근원, 원천

» a source of light 빛의 근원
» the source of anxiety 근심의 원인

★★★★★ _0190

traffic [trǽfik] ⓝ 교통, 통행

» a traffic accident 교통사고
» get a traffic ticket 교통위반 딱지를 받다

비슷 origin 기원	비슷 spring 원천	비슷 root 뿌리
비슷 transit 통행	참고 transportation 교통	참고 trade 거래

★★★☆☆ _0191

mile [mail] ⓝ 마일 (약 1.609km)

» 100 miles to heaven 천국까지 100마일
» run a mile in 4 minutes 4분만에 1마일을 주파하다

★★★☆☆ _0192

series [síəriːz]

1. ⓝ 일련, 연속
2. ⓝ 연속물, 시리즈

» a series of accidents 연이은 사고
» a four-part drama series 4부작 드라마

참고 mileage 주행거리	참고 yard 야드 (0.914m)	참고 feet 피트 (30.48cm)
비슷 sequence 연속	비슷 string 끈, 일련	비슷 chain 쇠사슬, 연쇄

★★★★☆ _0193

nothing [nʌ́θiŋ] *pron.* 아무것도 아님, 무(無)

» say nothing 아무 말도 하지 않다
» all or nothing 전부 또는 전무

★★★★☆ _0194

anything [éniθìŋ]

1. *pron.* 무엇이든
2. *pron.* 아무것도 (의문문 · 부정문에서)

» Anything will do. 무엇이든 좋습니다.
» Did you notice anything unusual? 이상한 것 못 봤어요?

비슷 not anything 아무것도 아님 | 비슷 no thing 무(無)
반대 nothing 아무것도 ~ 아니다 | 참고 everything 모든 것 | 참고 something 무엇

★★★★☆ _0195

number [nʌ́mbər]

1. ⓝ 수, 숫자
2. ⓝ 번호

» the total number of visits 전체 방문객 수
» my telephone number 내 전화번호

★★★★★ _0196

subject [sʌ́bdʒikt]

1. ⓝ 주제, 학과, 과목
2. ⓝ 국민, 백성

» the subject of composition 작문의 주제
» fail in two subjects 두 과목에서 낙제를 하다

형 numerous 수많은 | 비슷 figure 숫자 | 참고 count 수를 세다
비슷 theme 주제 | 반대 object 대상 | 참고 topic 화제

★★★★☆ _0197

million [míljən] ⓝ 100만

» millions of people 수백만의 사람
» seven and a half million won 750만 원

★★★☆☆ _0198

score [skɔːr] ⓝ 득점, 점수, 성적

» a score of 3 to 1 3대1의 스코어
» record no losing score 무실점을 기록하다

참고 millionaire 백만장자 참고 billionaire 억만장자 참고 mass 다수
비슷 mark 득점 비슷 point 점수 비슷 record 성적

★★★☆☆ _0199

daughter [dɔ́ːtər] ⓝ 딸

» two sons and three daughters 2남 3녀
» a daughter of a good family 좋은 집안의 딸

★★★★☆ _0200

sort [sɔːrt] ⓝ 종류, 부류

» all sorts of things 여러 가지 물건
» a new sort of painting 새로운 종류의 화법

반대 son 아들 참고 daughter-in-law 며느리 참고 woman 여성
비슷 kind 종류 참고 type 형태 참고 class 부류

Review Test 2

1 다음 각 단어의 알맞은 뜻을 연결하시오.

1. thought •	• 시대
2. shade •	• 사원
3. attack •	• 옆
4. profit •	• 그늘
5. site •	• 주차하다
6. temple •	• 공격하다
7. source •	• 장소
8. park •	• 근원
9. age •	• 생각
10. side •	• 이익

» **Answers**

1. 생각 **2**. 그늘 **3**. 공격하다 **4**. 이익 **5**. 장소 **6**. 사원 **7**. 근원
8. 주차하다 **9**. 시대 **10**. 옆

2 다음 빈칸에 알맞은 단어를 보기에서 골라 쓰시오.

breath	secret	shirt	magazine
fool	bottoms	speed	shame

1. play the ________
   바보짓을 하다
2. Let's keep it ________ .
   비밀로 합시다.
3. draw a deep ________
   심호흡을 하다
4. subscribe to a ________
   잡지를 구독하다
5. put on a ________
   셔츠를 입다
6. ________ on you!
   부끄러운 줄 알아라.
7. ________ up!
   건배!
8. with all ________
   전속력으로

» **Answers**

1. fool **2**. secret **3**. breath **4**. magazine **5**. shirt **6**. Shame **7**. Bottoms **8**. speed

3 다음 빈칸에 알맞은 단어를 보기에서 골라 쓰시오.

traffic	mistake	fault
noise	support	common

1. You have to admit your ________ .
   너는 너의 실수를 인정해야 한다.
2. a man of ________ sense
   상식 있는 사람
3. It's not your ________ .
   네 잘못이 아냐.
4. Don't make a ________, keep quiet.
   떠들지 말고 조용히 좀 해.
5. What a ________ jam!
   교통 체증이 정말 엄청나군!
6. We cannot make this plan successful without his ________ .
   그의 지원 없이는 이 계획을 성공시킬 수 없다.

» **Answers**

1. mistake **2**. common **3**. fault **4**. noise **5**. traffic **6**. support

4 다음 표시된 말의 알맞은 해석을 쓰시오.

1. the solution of the problem
   ____
2. broad shoulders
   ____
3. What's your account number?
   ____
4. an empty space
   ____
5. an inclined plane
   ____
6. have a good sight
   ____
7. fail in two subjects
   ____
8. make a good pair
   ____

» **Answers**

1. 해답 **2**. 어깨 **3**. 계좌번호 **4**. 공간 **5**. 면 **6**. 시력 **7**. 과목 **8**. 쌍

Chapter 3

기초단어 400 동사편

Preview

- ☐ invent
- ☐ decide
- ☐ remember
- ☐ add
- ☐ succeed
- ☐ agree
- ☐ wash
- ☐ throw
- ☐ ask
- ☐ reply
- ☐ say
- ☐ climb
- ☐ reach
- ☐ beat
- ☐ seek
- ☐ work
- ☐ continue
- ☐ repeat
- ☐ link
- ☐ prove
- ☐ attend
- ☐ collect
- ☐ know
- ☐ allow
- ☐ hit
- ☐ follow
- ☐ neglect
- ☐ surprise
- ☐ recognize
- ☐ kill
- ☐ invite
- ☐ refuse
- ☐ sit
- ☐ leave
- ☐ appear
- ☐ depend
- ☐ sing
- ☐ explain
- ☐ laugh
- ☐ change
- ☐ sell
- ☐ drop
- ☐ sleep
- ☐ accept
- ☐ earn
- ☐ suppose
- ☐ produce
- ☐ happen
- ☐ try
- ☐ fly
- ☐ want
- ☐ divide
- ☐ wear
- ☐ shout
- ☐ bring
- ☐ use
- ☐ pull
- ☐ push
- ☐ believe
- ☐ wish
- ☐ send
- ☐ read
- ☐ fight
- ☐ show
- ☐ ring
- ☐ save
- ☐ fill
- ☐ call
- ☐ tie
- ☐ cry
- ☐ enter
- ☐ return
- ☐ fall
- ☐ mention
- ☐ forget
- ☐ expect
- ☐ seem
- ☐ hunt
- ☐ introduce
- ☐ see
- ☐ argue
- ☐ guide
- ☐ promise
- ☐ can
- ☐ could
- ☐ may
- ☐ must
- ☐ ought
- ☐ shall
- ☐ should
- ☐ will
- ☐ would
- ☐ have to
- ☐ have
- ☐ go
- ☐ come
- ☐ get
- ☐ put
- ☐ set
- ☐ take

★★★★☆ _0201

invent

[invént]

ⓥ 발명하다, 고안하다

» invent a light bulb 전구를 발명하다
» invent an excuse 변명을 꾸며내다

★★★★★ _0202

decide

[disáid]

ⓥ 결정하다

» decide to go 가기로 결정하다
» decide the ranking 순위를 결정하다

❑ Bell invented the telephone.
벨은 전화를 발명했다.

❑ Linda didn't decide what to wear.
린다는 무슨 옷을 입을지 결정 못했다.

명 invention 발명 | 비슷 devise 고안하다 | 참고 discover 발견하다
명 decision 결정 | 형 decisive 결정적인 | 비슷 determine 결정하다

★★★★★ _0203

remember

[rimémbər]

ⓥ 기억하다, 생각해내다

» remember his name 그의 이름을 생각해내다
» remember a poem by heart 시를 암기하다

★★★★☆ _0204

add

[æd]

ⓥ 더하다, 합산하다

» add sugar to coffee 커피에 설탕을 타다
» add the bill up 청구 금액을 합산하다

❑ I don't remember how much it was.
값이 얼마였는지 기억이 안 난다.

❑ If you add three to two, you get five.
2에 3을 더하면 5가 된다.

명 remembrance 기억	비슷 recall 상기하다	반대 forget 잊어버리다
명 addition 추가	형 additional 추가적인	비슷 total 합계하다, 총계

★★★★★ _0205

succeed

[səksíːd]

1. ⓥ 성공하다, 잘 되다
2. ⓥ 뒤를 잇다, 계승하다

» succeed in business 사업에 성공하다
» succeed to the throne 왕위를 계승하다

★★★★☆ _0206

agree

[əgríː]

ⓥ 동의하다, 합의하다

» agree to her proposal 그녀의 제의에 동의하다
» the agreed place for meeting 합의된 모임 장소

❏ I hope you will succeed.
네가 성공하기를 바란다.

❏ I couldn't agree with you more.
전적으로 동의해요.

명 success 성공 | 형 succeeding 계속되는 | 반대 fail 실패하다
명 agreement 동의 | 비슷 consent 동의하다 | 비슷 accord 일치하다

★★★★☆ _0207

wash

[wɑʃ]

ⓥ 씻다, 빨래하다

» wash one's face 세수하다
» wash for a living 세탁으로 생계를 꾸리다

★★★★☆ _0208

throw

[θrou]

ⓥ 던지다, 투척하다

» throw a vote 투표하다
» throw a fast ball 빠른 공을 던지다

❑ Where can I wash my hand?
화장실이 어디죠?

❑ Don't throw your money around!
돈을 낭비하지 마라!

명 washing 세탁	형 washable 물빨래가 가능한	참고 bathe 목욕하다
비슷 cast 던지다	비슷 hurl 던지다	반대 receive 받다

★★★★★ _0209

ask

[æsk]

ⓥ 묻다, 부탁하다

» ask him about the way 그에게 길을 물어보다
» ask for higher wages 급여 인상을 요구하다

★★★★★ _0210

reply

[ripláі]

ⓥ 대답하다, 답장하다

» reply to a question 질문에 대답하다
» reply to the attack 공격에 대응하다

❑ Many people asked me about the accident.
많은 사람들이 나에게 그 사고에 관하여 물었다.

❑ I'm looking forward to receiving your reply.
당신의 답장을 기다리고 있어요.

비슷 inquire 문의하다	비슷 request 요청하다	비슷 question 질문하다
비슷 answer 대답하다	비슷 return 보답하다	비슷 respond 대답하다

★★★★☆ _0211

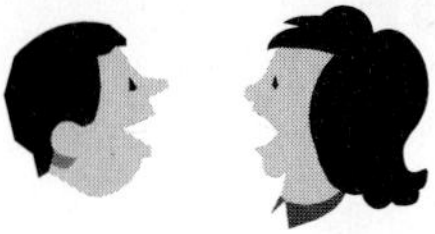

say

[sei]

ⓥ 말하다, 이야기하다

» to say the least 최소한도로 말해
» according to what the paper says
신문이 전하는 바에 의하면

★★★★☆ _0212

climb

[klaim]

ⓥ 기어오르다, 올라가다

» climb a mountain 등산하다
» climb to the top of a hill 언덕 꼭대기까지 오르다

❑ I'm sorry, what did you say?
죄송합니다. 뭐라고 말씀하셨죠?

❑ He climbed over a wall.
그는 벽을 타고 넘었다.

명 saying 속담	비슷 tell 말하다	비슷 speak 말하다
명 climber 등산가	비슷 ascend 오르다	반대 descend 내려가다

★★★★★ _0213

reach

[riːtʃ]

1. ⓥ 도착하다, 도달하다
2. ⓥ 손을 뻗다, 닿다

» reach one's destination 목적지에 도착하다

» reach out his hand for the ball
공을 잡으려고 손을 쭉 뻗다

★★★★☆ _0214

beat

[biːt]

ⓥ 때리다, 두드리다

» beat on the door 문을 두드리다

» beat a dog with a stick 개를 막대기로 때리다

❑ Your letter has reached me.
네 편지가 도착했다.

❑ The teacher beat the boy on the head.
그 교사는 소년의 머리를 때렸다.

비슷 arrive 도착하다	비슷 touch 닿다	반대 leave 떠나다
비슷 strike 치다	비슷 hit 치다	비슷 knock 두드리다

★★★★☆ _0215

seek

[siːk]

ⓥ 찾다, 탐색하다

» seek the truth 진리를 탐구하다
» seek to change the rules 규정을 바꾸려고 노력하다

★★★★★ _0216

work

[wəːrk]

1. ⓥ 일하다, 공부하다
2. ⓝ 일, 작업, 작품

» work in a bank 은행에 근무하다
» a day's work 하루 일거리

❑ A lot of patients seek his help.
많은 환자들이 그의 도움을 구하고 있다.

❑ My father works 35 hours a week.
아버지는 1주일에 35시간씩 일한다.

비슷 search 찾다	비슷 look for 찾다	비슷 trace 추적하다
명 worker 일꾼	비슷 labor 노동하다	비슷 study 공부하다

★★★★★ _0217

continue

[kəntínjuː]

ⓥ 계속하다, 지속하다

» continue one's efforts 노력을 계속하다
» to be continued 다음 호에 계속

★★★★☆ _0218

repeat

[ripíːt]

ⓥ 반복하다, 되풀이하다

» repeat the same error 같은 실수를 되풀이하다
» Repeat once more. 한번 더 해보시오.

❑ His speech continued an hour.
그의 연설은 1시간 동안 계속되었다.

❑ History repeats itself.
역사는 되풀이된다.

형 continuous 끊임없는	비슷 last 지속하다	반대 stop 멈추다
명 repetition 반복	참고 recite 복창하다	참고 echo 메아리

★★★★☆ _0219

link

[liŋk]

1. ⓥ 연결하다, 잇다
2. ⓝ 고리, 연결

» link two families together 두 집안을 맺어주다
» a link between smoking and lung cancer
흡연과 폐암의 연관성

★★★★★ _0220

prove

[pruːv]

ⓥ 증명하다, 입증하다

» prove one's guilt 유죄를 입증하다
» prove one's innocence 자신의 결백을 증명하다

❑ There is a clear link between poverty and malnutrition.
가난과 영양 결핍은 분명한 연관이 있다.

❑ Can you prove it?
그것을 증명할 수 있습니까?

비슷 connect 연결하다	비슷 couple 연결하다, 쌍	비슷 join 결합하다
명 proof 증거	비슷 demonstrate 증명하다	참고 evidence 증거

★★★★★ _0221

attend

[ətέnd]

1. ⓥ 출석하다, 참석하다
2. ⓥ 시중들다, 보살피다

» attend a wedding 혼례에 참석하다
» attend a patient 환자를 시중하다

★★★★★ _0222

collect

[kəlékt]

ⓥ 모으다, 수집하다

» collect stamps 우표를 수집하다
» collect national taxes 국세를 징수하다

❑ The ceremony was attended by many people.
많은 사람들이 기념식에 참석했다.

❑ My hobby is plants collecting.
나의 취미는 식물채집이다.

명 attendance 출석　명 attendant 수행원　비슷 accompany 동행하다
명 collection 수집　비슷 gather 모으다　반대 scatter 흩어지다

★★★☆☆ _0223

know

[nou]

ⓥ 알다, 이해하다

» know the result 결과를 알다
» know how to drive 운전하는 방법을 알다

★★★★☆ _0224

allow

[əláu]

ⓥ 허용하다, 인정하다

» allow a request 요구를 인정하다
» allow a free passage 자유 통행을 허용하다

❑ How do you come to know it?
그것을 어떻게 알고 있습니까?

❑ Smoking is not allowed.
금연입니다.

명 knowledge 지식	명 know-how 전문지식	비슷 understand 이해하다
명 allowance 허락	비슷 permit 허가하다	반대 forbid 금지하다

★★★☆☆ _0225

hit

[hit]

ⓥ 치다, 때리다

» hit a ball with a bat 방망이로 공을 치다
» hit a blow on the head 머리에 일격을 가하다

★★★★☆ _0226

follow

[fálou]

ⓥ 따르다, 뒤쫓아가다

» follow a custom 관행을 따르다
» follow the will of Heaven 하늘의 뜻에 따르다

❑ In the bus somebody hit me on the head.
버스에서 누군가 내 머리를 쳤다.

❑ This child follows me everywhere I go.
이 아이는 어디를 가나 나를 따라다닌다.

명 hitter 타자	비슷 strike 치다	비슷 knock 때리다
형 following 다음의	비슷 accompany 동행하다	비슷 keep up 유지하다

★★★★☆ _0227

neglect

[niglékt]

ⓥ 무시하다, 간과하다

» neglect one's advice 충고를 무시하다
» neglect traffic signal 교통신호를 무시하다

★★★★★ _0228

surprise

[sərpráiz]

1. ⓥ 놀라게 하다
2. ⓝ 놀람, 경악

» What a surprise! 아이고 깜짝이야!
» give a surprise party 깜짝 파티를 열다

❑ I neglected his advice.
나는 그의 충고를 무시했다.

❑ Her confession surprised us.
그녀의 고백은 우리를 놀라게 했다.

명 negligence 무시 | 비슷 ignore 무시하다 | 비슷 overlook 간과하다
비슷 astonish 놀라게 하다 | 비슷 amaze 놀라게 하다 | 비슷 startle 펄쩍 뛰게 하다

★★★★★ _0229

recognize

[rékəgnàiz]

ⓥ 인정하다, 알아주다

» recognize her ability 그녀의 능력을 인정하다
» fail to recognize an old friend 옛친구를 몰라보다

★★★☆☆ _0230

kill

[kil]

ⓥ 죽이다

» kill someone by poison 독살하다
» be killed in a traffic accident 교통사고로 죽음을 당하다

❑ I recognized her by her walk.
걷는 것을 보고 그 여자임을 알았다.

❑ The officer tried to jump in the river to kill himself.
장교는 강에 투신하여 자살하려고 했다.

명 recognition 인식 비슷 acknowledge 알아주다 비슷 appreciate 인정하다
명 killer 살인자 비슷 slay 죽이다 비슷 murder 살인하다

★★★★☆ _0231

invite

[inváit]

ⓥ 초대하다, 초래하다

» invite a friend for lunch 친구를 점심에 초대하다
» invite war 전쟁을 일으키다

★★★★★ _0232

refuse

[rifjúːz]

ⓥ 거절하다, 거부하다

» refuse to help 돕기를 거절하다
» refuse to see a caller 방문객을 사절하다

❑ I'd like to invite you to dinner.
저녁 식사에 초대하고 싶습니다.

❑ John refused my offer without reason.
존은 나의 제의를 이유 없이 거절했다.

명 invitation 초대	비슷 request 청하다	비슷 result in 초래하다
명 refusal 거절	비슷 reject 거절하다	반대 accept 받아들이다

★★★☆☆ _0233

sit

[sit]

ⓥ 앉다

» sit at a table 식탁에 앉다
» sit on the bare ground 맨바닥에 앉다

★★★★★ _0234

leave

[liːv]

ⓥ 떠나다, 남기고 가다

» leave one's native place 고향을 떠나다
» Leave me alone. 나를 혼자 있게 해주세요.

❑ Well, please come in and sit down.
자, 어서 들어와 앉으십시오.

❑ When did you leave Seoul?
언제 서울을 떠났습니까?

비슷 occupy (자리를) 차지하다	반대 stand 일어서다	반대 lie 눕다
비슷 depart 떠나다	비슷 start 출발하다	반대 arrive 도착하다

★★★★☆ _0235

appear

[əpíər]

ⓥ 나타나다, 출현하다

» appear before the audience 청중 앞에 나타나다
» appear on the line of investigation 경찰 수사선상에 오르다

★★★★★ _0236

depend

[dipénd]

ⓥ 의지하다, 의존하다

» depend on her parents 그녀의 부모에게 의지하다
» depend upon the situation 상황에 달려 있다

❑ A stranger suddenly appeared in the doorway.
낯선 사람이 갑자기 문간에 나타났다.

❑ Success depends upon your efforts.
성공은 너의 노력에 달려 있다.

명 appearance 출현	비슷 emerge 나타나다	반대 disappear 사라지다
형 dependent 의지하는	비슷 lean 기대다	비슷 rely 의지하다

★★★☆☆ _0237

sing

[siŋ]

ⓥ 노래하다, 새가 울다

» sing a song 노래를 부르다
» sing to the organ 오르간에 맞추어 노래부르다

★★★★★ _0238

explain

[ikspléin]

ⓥ 설명하다

» explain rules 규칙을 설명하다
» explain in detail 자세히 설명하다

❑ I can't keep time when I sing.
나는 노래할 때 박자를 맞추지 못한다.

❑ Please explain why you acted like that.
왜 그런 행동을 했는지 설명해 보시오.

명 song 노래	참고 hum 콧노래를 부르다	참고 lullaby 자장가
명 explanation 설명	참고 interpret 해석하다	반대 hide 감추다

★★★★☆ _0239

laugh

[læf]

ⓥ 웃다

» laugh loudly 하하 웃다
» laugh till the tears come out 눈물이 나도록 웃다

★★★★★ _0240

change

[tʃeindʒ]

1. ⓥ 바꾸다, 변경하다
2. ⓝ 변화, 교체, 거스름돈

» change one's habits 습관을 고치다
» a change in the weather 날씨의 변화

❑ What makes you laugh so?
왜 그렇게 웃어?

❑ We have to change trains if we went by subway.
지하철로 간다면 갈아타야 한다.

비슷 smile 미소짓다 | 비슷 grin 히죽 웃다 | 비슷 giggle 낄낄 웃다
비슷 vary 달라지다 | 비슷 modify 수정하다 | 비슷 transform 변형시키다

★★★☆☆ _0241

sell

[sel]

ⓥ 팔다, 팔리다

» a house to sell 팔 집
» sell like hot cakes 날개 돋친 듯이 팔리다

★★★★☆ _0242

drop

[drɑp]

1. ⓥ 떨어뜨리다, 떨어지다
2. ⓝ 방울, 낙하

» drop a glass to the floor 유리잔을 마루에 떨어뜨리다
» a drop in temperature 기온의 하강

❑ Tony sold me his car.
토니는 내게 자기 차를 팔았다.

❑ There is a big drop in imports.
수입이 큰 폭으로 줄었다.

명 sale 판매	명 seller 판매자	반대 buy 사다
비슷 fall 낙하	비슷 decline 하락	반대 rise 올라가다

★★★★☆ _0243

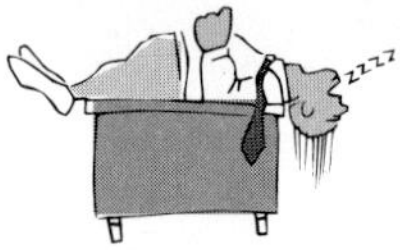

sleep

[sliːp]

ⓥ 잠자다

» sleep like a log 푹 자다
» sleep out 외박하다

★★★★★ _0244

accept

[æksépt]

ⓥ 받아들이다, 인정하다

» accept an application 지원서를 접수하다
» accept his proposal of marriage 그의 청혼을 받아들이다

❑ I have little appetite and can't sleep well.
식욕이 거의 없고 잠을 제대로 잘 수 없습니다.

❑ I am sorry that I couldn't accept his invitation.
그의 초대에 응하지 못하여 미안하다.

형 sleepy 졸리는	부 asleep 잠들어	비슷 nap 졸음
비슷 admit 인정하다	비슷 receive 받다	반대 refuse 거절하다

★★★★☆ _0245

earn

[əːrn]

ⓥ 벌다, 획득하다

» earn the school expenses 일하여 학비를 벌다
» earn a reputation for honesty 정직하다는 평을 얻다

★★★★★ _0246

suppose

[səpóuz]

ⓥ 가정하다, 추정하다

» let's suppose that ~ ~라고 가정하자
» it is supposed that ~ ~라고 추정되다

❑ He earns twelve million won a year.
그의 연간 수입은 1,200만원이다.

❑ We all supposed him to be Italian.
우리 모두는 그가 이탈리아 사람이라고 생각했다.

비슷 obtain 획득하다 비슷 acquire 습득하다 반대 lose 잃다
비슷 guess 추측하다 비슷 imagine 상상하다 비슷 assume 가정하다

★★★★☆ _0247

produce

[prədjúːs]

ⓥ 생산하다, 산출하다

» produce computers 컴퓨터를 생산하다
» produce good results 좋은 결과를 가져오다

★★★★★ _0248

happen

[hǽpən]

ⓥ 발생하다, 생기다

» What happened? 무슨 일이니?
» an incident happens 사건이 발생하다

❑ An onion will not produce a rose.
양파에서 장미가 나오지 않는다. (콩 심은 데 콩 난다.)

❑ A strange thing happened last night.
지난밤 이상한 일이 일어났다.

명 production 생산	형 productive 생산적인	비슷 yield 산출하다
명 happening 우발사건	비슷 occur 발생하다	비슷 take place 일어나다

★★★★☆ _0249

try

[trai]

ⓥ 시도하다, 노력하다

» try one's best 최선을 다하다
» try a new way 새로운 방법을 시도하다

★★★☆☆ _0250

fly

[flai]

1. ⓥ 날다, 비행하다
2. ⓝ 파리

» fly in the sky 하늘을 날다
» a fly on the ceiling 천장에 앉은 파리 한 마리

❑ Mary is trying to look younger.
메리는 젊게 보이려고 애쓴다.

❑ I'm afraid to fly.
나는 비행기 타는 것이 두렵다.

명 trial 시도	비슷 attempt 시도하다	참고 endeavor 애쓰다, 노력하다
명 flight 비행	형 flying 날고 있는	참고 butterfly 나비

★★★★☆ _0251

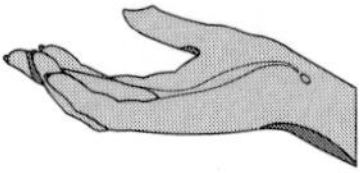

want

[wɔ(:)nt]

1. ⓥ 원하다, 바라다
2. ⓥ 찾다, 필요로 하다

» I want a sports car. 스포츠카를 갖고 싶다.
» a man wanted by the police 경찰에서 수배중인 사람

★★★★★ _0252

divide

[diváid]

ⓥ 나누다, 분리하다

» divide a class into two 한 학급을 둘로 나누다
» divide the profit among the three 이익을 3등분하다

❑ I want to hear more about your hometown.
당신 고향에 대해 더 듣고 싶어요.

❑ We divided the sweets between us.
우리끼리 사탕을 나누었다.

형 wanted 지명 수배된	비슷 wish 원하다	비슷 desire 바라다
명 division 분할	비슷 separate 분리하다	반대 combine 결합하다

★★★★☆ _0253

wear

[wεər]

ⓥ 입다, 착용하다
(옷, 신발, 반지, 안경, 시계)

» wear a ring 반지를 끼다
» wear a brown muffler 갈색 목도리를 착용하다

★★★☆☆ _0254

shout

[ʃaut]

ⓥ 외치다, 큰소리로 말하다

» shout for a waiter 큰소리로 웨이터를 부르다
» shout with one voice 일제히 소리치다

❑ Julia likes to wear fancy clothes.
줄리아는 화려한 옷 입기를 좋아한다.

❑ I shouted for Paul to come upstairs.
나는 폴에게 2층으로 오라고 소리쳤다.

비슷 put on 입다	참고 clothing 의복	참고 carry 가지고 다니다
명 shouting 외침	비슷 scream 소리치다	비슷 cry 외치다

★★★★★ _0255

bring

[briŋ]

1. ⓥ 가져오다
2. ⓥ (어떤 상태로) 되게 하다

» bring an apple 사과를 가져오다
» bring the war to an end 전쟁을 끝내다

★★★★★ _0256

use

[juːz]

1. ⓥ 쓰다, 사용하다
2. ⓝ 사용, 운용

» use every opportunity 기회를 이용하다
» use a newspaper in classes 신문을 교재로 사용하다

❑ Bring me the book.
그 책을 가져오시오.

❑ Can I use your pen?
펜을 좀 빌릴 수 있을까요?

동 brought 과거형	비슷 fetch 가져오다	반대 take 가져가다
명 usage 용법	형 useful 쓸모 있는	형 useless 쓸모 없는

★★★★☆ _0257

pull

[pul]

ⓥ 끌다, 끌어당기다

» pull a door open 문을 당겨서 열다
» pull him by the sleeve 그의 소매를 잡아당기다

★★★★☆ _0258

push

[puʃ]

ⓥ 밀다, 밀어내다

» push a cart 짐차를 밀다
» push a person for an answer 대답을 강요하다

❑ Did Tony pull the plug?
토니가 플러그를 뽑았어?

❑ A child pushed a small cart.
한 어린이가 작은 짐차를 밀었다.

비슷 draw 잡아당기다	비슷 drag 끌어당기다	반대 push 밀다
비슷 thrust 밀다	비슷 impel 강제하다	반대 pull 당기다

★★★★★ _0259

believe

[bilíːv]

ⓥ 믿다, 생각하다

» believe in God 신을 믿다
» believe it or not 믿거나 말거나

★★★★★ _0260

wish

[wiʃ]

ⓥ 바라다, 원하다

» wish to go abroad 외국에 가고 싶다
» I wish you a merry Christmas. 즐거운 성탄절이 되기를.

❑ Columbus believed that the earth is round.
콜럼버스는 지구가 둥글다고 믿었다.

❑ I wish I were in your shoes.
내가 네 입장이라면 좋겠다.

명 belief 신념 형 believable 믿을 수 있는 비슷 trust 신뢰하다
비슷 desire 희망하다 비슷 hope 원하다 비슷 expect 기대하다

★★★★★ _0261

send

[send]

ⓥ 보내다, 부치다

» send a letter by post 편지를 우편으로 부치다
» send a gift to a friend 친구에게 선물을 보내다

★★★★☆ _0262

read

[ri:d]

ⓥ 읽다, 낭독하다, 독해하다

» read a few book 책을 몇 권 읽다
» reading and writing 읽고 쓰기

❑ I'd like to send this parcel by airmail.
이 소포를 항공우편으로 보내고 싶습니다.

❑ I spent a pleasant afternoon reading the newspaper.
나는 신문을 보면서 즐거운 오후 시간을 보냈다.

참고 dispatch 급파하다 | 참고 ship 배로 보내다 | 참고 mail 우송하다
명 reading 읽기 | 참고 interpret 해석하다 | 참고 novel 소설

★★★★☆ _0263

fight

[fait]

ⓥ 싸우다, 애쓰다

» fight against an enemy 적군과 싸우다
» fight for fame 명성을 얻으려고 애쓰다

★★★★☆ _0264

show

[ʃou]

ⓥ 보이다, 나타내다

» show the ticket at the gate 입구에서 표를 보이다
» show one's ability 능력을 발휘하다

❑ They are working around the clock to fight the fire.
그들은 화재와 싸우기 위해서 24시간 근무한다.

❑ Would you show me the way to the subway station?
지하철역으로 가는 길을 알려 주시겠어요?

비슷 strive 싸우다	비슷 quarrel 다투다	비슷 struggle 분투하다
비슷 display 진열하다	비슷 exhibit 전시하다	반대 hide 감추다

★★★☆☆ _0265

ring

[riŋ]

1. ⓥ 벨이 울리다
2. ⓝ 반지, 울리는 소리

» ring the bell three times 벨을 세 번 울리다
» put a ring on a finger 손가락에 반지를 끼다

★★★★★ _0266

save

[seiv]

1. ⓥ 구하다, 구조하다
2. ⓥ 모으다, 절약하다

» save one's life 생명을 구하다
» save expenses 비용을 절약하다

❏ Father's words are still ringing in my ears.
아버지의 말씀이 아직도 귀에 생생하다.

❏ Richard wanted to save the victim's life.
리처드는 희생자의 목숨을 구하고 싶었다.

비슷 chime 종을 울리다 참고 whistle 휘파람 불다 참고 telephone call 전화 벨소리
명 savings 저축 형 safe 안전한 비슷 rescue 구조하다

★★★★☆ _0267

fill

[fil]

ⓥ 채우다, 충족시키다

» fill a blank 빈칸을 채우다
» two down, bases filled (야구) 이사 만루

★★★★☆ _0268

call

[kɔːl]

1. ⓥ 부르다, 불러내다
2. ⓥ 전화를 걸다

» call a taxi 택시를 부르다
» Call me at 9. 9시에 전화하시오.

❑ You have to fill out the application form.
신청 양식을 작성하셔야 합니다.

❑ He called me out.
그는 나를 불러내었다.

형 full 가득 찬	비슷 fulfill 완수하다	반대 empty 비우다
명 caller 호출인	비슷 shout 소리치다	비슷 telephone 전화하다

★★★★☆ _0269

tie

[tai]

ⓥ 매다, 묶다

» tie a necktie 넥타이를 매다
» tie a person's hands together 아무개의 양손을 묶다

★★★☆☆ _0270

cry

[krai]

1. ⓥ 울다
2. ⓥ 외치다, 소리치다

» cry for joy 기뻐서 울다
» cry over one's misfortunes 불운을 한탄하다

❑ She was tied up in traffic.
그녀는 교통체증으로 꼼짝 못하고 있다.

❑ It is no use crying over spilt milk.
엎지른 물은 다시 담을 수 없다.

비슷 bind 묶다	비슷 fasten 고정시키다	참고 knot 매듭을 짓다
비슷 weep 눈물을 흘리다	비슷 shout 소리치다	반대 whisper 속삭이다

★★★★★ _0271

enter

[éntər]

ⓥ 들어가다, 입학하다

» enter a room 방에 들어가다
» enter a university 대학에 입학하다

★★★★☆ _0272

return

[ritə́ːrn]

ⓥ 돌아가다, 돌려주다

» return home 고국으로 돌아가다
» return the book 책을 반납하다

❑ May I enter the room now?
지금 방에 들어가도 되나요?

❑ This book is for return.
이 책 반납하는 거예요.

명 entrance 입장	명 entry 입장	참고 begin 시작하다
비슷 come back 돌아가다	비슷 give back 돌려주다	참고 advance 전진하다

★★★★☆ _0273

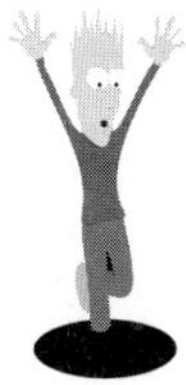

fall

[fɔːl]

1. ⓥ 떨어지다, 넘어지다
2. ⓝ 가을

» fall into a ditch 개울에 빠지다
» in early fall 초가을에

★★★★☆ _0274

mention

[ménʃən]

ⓥ 언급하다, 말하다

» to mention a single example 한 가지 예를 들자면
» not to mention 말할 필요도 없이

❑ I fell on my side.
나는 옆으로 넘어졌다.

❑ Don't mention it.
그런 말씀 마세요.

비슷 drop 떨어지다 | 비슷 autumn 가을 | 반대 rise 올라가다
비슷 refer to 언급하다 | 참고 cite 인용하다 | 참고 notice 주목하다

★★★★★ _0275

forget

[fərgét]

ⓥ 잊다, 망각하다

» without forgetting 잊지 않고
» forget the original object 원래 목적을 망각하다

★★★★★ _0276

expect

[ikspékt]

ⓥ 예상하다, 기대하다

» expect her to come 그녀가 올 것으로 예상하다
» achieve the expected results 기대하던 성과를 올리다

❑ I will never forget your kindness.
당신의 친절을 결코 잊지 못할 것입니다.

❑ I expect nothing in return.
나는 대가로 아무것도 바라지 않는다.

형 forgetful 잘 잊는	반대 remember 기억하다	참고 memory 기억
명 expectation 예상	비슷 anticipate 예상하다	비슷 wish 희망하다

★★★★★ _0277

seem

[siːm]

ⓥ ~인 것 같다

» She seems tired. 그녀는 지친 것 같다.
» He seems like a nice guy. 그는 좋은 사람인 것 같다.

★★★☆☆ _0278

hunt

[hʌnt]

ⓥ 사냥하다, 찾아다니다

» hunt buffalo 들소를 사냥하다
» hunt for a job 일자리를 찾아다니다

❑ John doesn't seem to have any luck today.
존은 오늘 재수가 없는 것 같아요.

❑ Do you ever hunt for hares?
토끼 사냥을 해본 적이 있습니까?

형 seeming 외관상의 비슷 look ~처럼 보이다 참고 sound like ~처럼 들리다
명 hunter 사냥꾼 비슷 follow 좇다 비슷 pursue 추적하다

★★★★★ _0279

introduce

[ìntrədjúːs]

ⓥ 소개하다, 처음으로 내놓다

» introduce a friend to my family 친구를 가족에게 소개하다

» introduce his daughter to society
딸을 사교계에 내보내다

★★★★☆ _0280

see

[siː]

ⓥ 보다, 보이다

» see a movie 영화를 보다

» see the bird in the tree 나무 위에 있는 새를 보다

❑ I introduced my girl friend to my mother.
나는 여자친구를 어머니에게 소개했다.

❑ I can't see very well without my glasses.
안경을 안 쓰면 잘 보이지 않아요.

명 introduction 소개	비슷 present 소개하다	비슷 recommend 추천하다
명 sight 봄	비슷 watch 보다	참고 understand 이해하다

★★★★☆ _0281

argue

[ɑ́:rgju:]

ⓥ 논쟁하다, 주장하다

» argue a question 문제를 논하다
» argue for and against a matter
어떤 문제에 찬반을 논하다

★★★★☆ _0282

guide

[gaid]

1. ⓥ 안내하다, 인도하다
2. ⓝ 안내인, 길잡이

» guide into the right path 바른길로 인도하다
» a sightseeing guide 관광 안내인

❏ He argued against the proposition.
그는 그 제안에 반대론을 펼쳤다.

❏ Would you kindly act as my guide?
안내해 주시겠습니까?

명 argument 논의, 논쟁 비슷 discuss 토론하다 비슷 dispute 논쟁하다
비슷 lead 이끌다 비슷 introduce 소개하다 반대 confuse 혼란시키다

★★★★★ _0283

promise

[prámis]

1. ⓥ 약속하다
2. ⓝ 약속

» keep one's promise 약속을 지키다
» break one's promise 약속을 어기다

❑ Billy promised to help me.
빌리는 나를 도와주겠다고 약속했다.

형 promising 유망한 반대 deceive 속이다 참고 engagement 선약

★★★★☆ _0284

can

[kæn, kən]

1. ~할 수 있다
2. ~해도 좋다
3. ~일 리가 없다(부정문에서)

「~할 수 있다」는 뜻의 조동사로 '능력, 가능성'을 나타낸다. may 대신 '허가, 명령, 권유' 등을 나타내기도 한다.

» Can you speak English? 영어를 말할 줄 아십니까?
» You can go. 자네는 가도 좋아.
» It cannot be true. 정말일 리가 없다.

★★★★☆ _0285

could

[kud, kəd]

1. ~할 수 있었다
2. ~할 수 있을 것이다(현재 사실과 반대로)
3. ~할 수 있었을 것이다(과거 사실과 반대로)
4. ~해 주시겠습니까?(허가, 부탁의 의문문)

'직설법 과거'를 나타내거나 '가정'의 의미로 쓴다. 현대영어에는 주로 '가정'의 뜻을 갖는다. '허가, 부탁'의 의문문에서는 can보다 정중한 표현이다.

» They could not swim and had to be rescued.
그들이 헤엄칠 줄 몰랐기 때문에 구조해야만 했다.

» If I could do it, I would. 할 수 있다면 기꺼이 하련만.

» He could have done it but he didn't try.
그가 마음만 먹으면 할 수 있었는데 하려고 하지 않았다.

» Could I borrow your pen? 펜 좀 빌려도 되겠습니까?

★★★★☆ _0286

may

[mei]

1. ~일지도 모른다
2. ~해도 좋다
3. ~일까?(의문문에서)

기본적으로 '추측, 가능'을 나타낸다. may의 중요한 용법은 '허가, 용인'의 「~해도 좋다, 상관없다」, '추측, 가능성'의 「~일지도 모른다」의 두 가지이다.

» It may be true. 아마 사실일 것이다.

» You may enter. 들어와도 좋다.

» I wonder who the gentleman may be. 저 신사는 누구일까.

★★★★☆ _0287

must

[mʌst, məst]

1. ~해야 한다
2. ~하지 않으면 안 된다
3. ~임에 틀림없다

'필요, 의무, 명령'의 「~해야 하다」, '추정'의 「~임에 틀림없다」, '주장'의 「꼭 ~해야 한다」를 나타내는 표현.

» I must be going now.
이제 가야겠습니다.

» All students must keep quiet in the library.
모든 학생은 도서관에서 조용히 하지 않으면 안 된다.

» He must be a spy.
그는 스파이임에 틀림없다.

★★★★☆ _0288

ought

[ɔːt]

1. ~해야 한다
2. ~임에 틀림없다
3. ~할 필요가 있다

'의무, 당연'의 「~할 의무가 있다, ~하는 것이 당연하다」, '가능성, 당연한 결과'의 「~임에 틀림없다, ~하기로 되어 있다」의 뜻. ought 뒤에는 항상 to부정사가 따라온다.

» You ought to do it at once.
그것은 당장 해야 한다.

» It ought to be fine tomorrow.
내일은 좋은 날씨가 될 것이 틀림없다.

» You ought to see the beautiful view.
넌 그 멋진 광경을 꼭 봐야 해.

★★★★☆ _0289

shall

[ʃæl, ʃəl]

1. ~일 것이다, ~할 것이다(단순미래)
2. ~할까요?(1인칭을 주어로 의문문을 만들 때)
3. ~해 주겠다(말하는 이의 의지를 나타냄)

will과 마찬가지로 단순미래를 나타낼 때 쓸 수 있다. 이 경우 현대영어에서는 shall보다 will을 일반적으로 사용한다. 말하는 사람의 의지를 나타낸다. 「~로 하여금 …하게 해주겠다」라는 뜻.

» I shall be very happy to see you.
뵙게 되면 매우 기쁘겠습니다.

» Shall we go out for shopping?
쇼핑하러 나갈까요?

» You shall go to the ball, Cinderella.
신데렐라야, 네가 무도회에 가도록 해줄게.

★★★★☆ _0290

should

[ʃud, ʃəd]

1. (종속절에서) ~일 것이다
2. ~해야 한다, 마땅히 ~이어야 하다
3. ~해야 하지?(why, how 등과 함께 의문문에서 '당연'의 뜻을 나타냄)

「~해야 한다」의 '의무, 당연', 「반드시 ~일 것이다」의 '가능성, 기대'의 뜻을 지닌다. 의문사와 함께 쓰면 '의외, 놀람' 등을 나타내기도 한다.

» I was afraid I should be late.
지각하지나 않을까 하고 걱정했다.

» You should study harder.
너는 공부를 더 열심히 해야겠다.

» Why should he say that to you?
어째서 그가 너에게 그런 말을 해야 하니?

★★★★☆ _0291

will

[wil, wəl]

1. ~할 것이다(단순미래)
2. ~할 작정이다(의지미래)
3. ~일 것이다(추측의 뜻)

미래를 나타내는 조동사로서 단순미래 「~할 것이다」와 의지미래 「~할 작정이다」의 뜻이 있다.

» Will you be free tomorrow afternoon?
내일 오후에는 한가하신가요?

» I will do my best.
최선을 다하겠습니다.

» That will be right.
그것이 옳을 것이다.

★★★★☆ _0292

would

[wud, wəd]

1. ~일 것이다(종속절에서)
2. ~일 것이다, ~하고 싶다
3. ~해 주시겠습니까?(정중한 의뢰, 권유)

would는 가정법에서 많이 쓰고, 과거의 습관이나 동작의 반복을 나타낼 때 사용되기도 한다. 의뢰나 권유를 나타내는 'Would you ~?'는 'Will you ~?'보다 정중한 표현이다.

» She asked her brother when he would be back.
그녀는 오빠에게 언제 돌아올 것인가를 물었다.

» I would like you to check it.
당신이 확인해 주었으면 합니다.

» Would you please wait a moment?
잠깐 기다려 주시겠습니까?

★★★★☆ _0293

have to

[hævtu:]

1. ~하여야 한다
2. ~할 필요가 없다(부정문에서)
3. ~임에 틀림없다

「~해야 한다」는 뜻으로 must와 의미가 비슷하다. must가 주관적 뉘앙스가 강한데 비해 have to는 객관적인 사정에 의한 필요를 나타낸다.

» I have to leave now.
지금 가야만 해요.

» We don't have to bring our lunch tomorrow.
내일 도시락을 싸 올 필요가 없다.

» You have to be joking.
농담이겠지요.

★★★★☆ _0294

have

[hæv]

1. ~하다(완료형 문장)
2. ~를 시키다(사역동사)
3. ~를 당하다
4. 가지다

조동사 have는 완료형을 만들 때 쓴다. 사역동사 have는 make나 get처럼 「시키다」의 의미도 있지만 「당하다」의 뜻으로도 자주 쓴다. 본동사 have는 「가지다」의 뜻으로 쓴다.

» I've passed my test. 나는 시험에 합격했다.

» He had them wait in the cab.
그는 그들을 택시 안에서 기다리게 했다.

» Bill had his purse lost. 빌은 지갑을 잃어버렸다.

» I have nothing to do. 할 일이 없다.

★★★★☆ _0295

go

[gou]

1. 가다
2. 떠나가다, 사라지다
3. 움직이다, 작동하다

기본적으로는 「화자(말하는 사람)가 있는 곳에서 멀리 가다」의 뜻이다. 여기서 「떠나다, 사라지다, 움직이다」라는 뜻이 생겼다. 반대말은 come.

» I will go by rail. 기차로 갈 것이다.

» The pain has gone now. 아픔은 이제 사라졌다.

» The clock does not go well. 이 시계는 잘 안 간다.

★★★★☆ _0296

come

[kʌm]

1. (말하는 사람에게) 오다
2. (상대방에게로) 가다
3. (목적지에) 도착하다

기본적으로 「화자 쪽으로 다가오다」의 뜻이다. 여기서 「오다, 도착하다」의 뜻이 생겼다. 우리말로 보통 「가다」로 번역된다.

» Yes, I'm coming.
예, 지금 갑니다.

» May I come to your house next Sunday?
다음 일요일에 댁에 가도 괜찮을까요?

» He hasn't come yet.
그는 아직 도착하지 않았다.

★★★★☆ _0297

get
[get]

1. 얻다
2. (장소에) 이르다
3. 준비하다
4. ~로 되다

'방법, 의사'에 관계없이 「얻다」의 뜻을 갖는 일반적인 말. 의사에 관계없이 얻는 것이므로 「되다」의 뜻으로도 쓴다. 이밖에 「이르다, 준비하다」의 뜻도 있다.

» I expect to get some money soon.
곧 얼마간의 돈을 얻을 수 있을 거라고 기대한다.

» They've just got to Seoul. 그들이 막 서울에 도착했다.

» I have to get dinner now. 전 지금 저녁 준비해야 해요.

» He is getting old. 그는 늙어가고 있다.

★★★★☆ _0298

put
[put]

1. (어떤 장소에) 두다
2. (어떤 상태를) 만들다
3. 표현하다, 말하다

「놓다」의 뜻을 갖는 가장 일반적인 말이다. 특정한 상태로 놓는 것은 때로 「만들거나 표현하는 것」을 의미한다.

» He put the money in his pocket.
그는 그의 주머니에 돈을 넣어 둔다.

» She put the baby to sleep by singing softly.
그녀는 부드러운 노래로 아기를 재웠다.

» He wanted to go with them but could not put his wish into words.
그는 그들과 가기를 원했지만 그의 바람을 말하지는 못했다.

★★★★☆ _0299

set

[set]

1. 놓다, 배치하다
2. ~되게 하다
3. 정하다(시간, 가격)

기본적으로 「놓다」의 뜻. 다른 곳에 있거나 움직이는 것을 어떤 상태로 '놓는' 것은 어떤 상태로 '되게 하는' 것이다. 시간이나 값 등과 관련해서 「정하다」라는 뜻으로 쓴다.

» She set the lamp on the table.
그녀는 탁자에 램프를 놓았다.

» Set your mind at rest.
마음을 가라앉히세요.

» We set the time of meeting for 6 o'clock.
우리는 6시에 만나기로 시간을 정했다.

★★★★☆ _0300

take

[teik]

1. 가지고 가다
2. 받아들이다
3. 데리고 가다

기본적으로 「(물건을 손에) 쥐다, 잡다」의 뜻. 어떤 추상적인 것을 '잡는다'는 것은 그것을 「받아들인다」는 뜻이 된다. 그리고 이동의 수단으로 '잡는 것'은 「데리고 가는 것」을 의미한다.

» I always take my cell phone with me.
나는 항상 내 핸드폰을 가지고 다닌다.

» Do you take credit cards?
신용카드도 되나요?

» My mother took me home in her car.
엄마가 나를 자동차로 집까지 데려다 주셨다.

Review Test 3

1 다음 각 단어의 알맞은 뜻을 연결하시오.

1. collect •	• 증명하다
2. remember •	• 무시하다
3. appear •	• 대답하다
4. prove •	• 인정하다
5. neglect •	• 결정하다
6. reply •	• 모으다
7. explain •	• 기어오르다
8. decide •	• 기억하다
9. recognize •	• 나타나다
10. climb •	• 설명하다

» **Answers**

1. 모으다 **2**. 기억하다 **3**. 나타나다 **4**. 증명하다 **5**. 무시하다
6. 대답하다 **7**. 설명하다 **8**. 결정하다 **9**. 인정하다 **10**. 기어오르다

2 다음 빈칸에 알맞은 단어를 보기에서 골라 쓰시오.

wash	sell	allow	refuse
add	beat	invent	follow

1. _________ one's face
   얼굴을 씻다
2. _________ the bill up
   청구 금액을 합산하다
3. _________ to see a caller
   방문객을 사절하다
4. _________ a free passage
   자유 통행을 허용하다
5. _________ a custom
   관행을 따르다
6. _________ on the door
   문을 두드리다
7. _________ like hot cakes
   날개 돋친 듯이 팔리다
8. ___________ the telephone
   전화를 발명하다

» **Answers**

1. wash **2**. add **3**. refuse **4**. allow **5**. follow **6**. beat **7**. sell **8**. invent

3 다음 빈칸에 알맞은 단어를 보기에서 골라 쓰시오.

throw	leave	agree
repeats	hit	succeed

1. ________ me alone.
   나를 혼자 두고 가세요.
2. I hope you will ________ .
   네가 성공하기를 바란다.
3. In the bus somebody ________ me on the head.
   버스에서 누군가 내 머리를 쳤다.
4. Don't ________ your money around!
   돈을 낭비하지 마라!
5. I couldn't ________ with you more.
   전적으로 동의해요.
6. History ________ itself.
   역사는 되풀이된다.

» **Answers**

1. Leave **2**. succeed **3**. hit **4**. throw **5**. agree **6**. repeats

4 다음 표시된 말의 알맞은 해석을 쓰시오.

1. She seems tired.

 ____

2. He must be a spy.

 ____

3. seek the truth

 ____

4. Success depends upon your efforts.

 ____

5. Your letter has reached me.

 ____

6. attend a wedding

 ____

7. save expenses

 ____

8. It may be true.

 ____

» **Answers**

1. ~인 것 같다 **2**. ~임에 틀림없다 **3**. 탐구하다 **4**. ~에 달려있다
5. 도착하다 **6**. 참석하다 **7**. 절약하다 **8**. ~인 것 같다

Chapter 4

기초단어 400 형용사 · 부사편

1. 기초단어 400 명사편 I
2. 기초단어 400 명사편 II
3. 기초단어 400 동사편
4. 기초단어 400 형용사 · 부사편
5. 빈출단어 200 I
6. 빈출단어 200 II
7. 실력증진단어 200 I
8. 실력증진단어 200 II
9. 혯갈리기 쉬운 발음 · 철자
10. 어원(語源)으로 익히는 중요단어

Preview

- ☐ next
- ☐ weak
- ☐ perhaps
- ☐ quite
- ☐ really
- ☐ various
- ☐ able
- ☐ wild
- ☐ short
- ☐ possible
- ☐ wise
- ☐ private
- ☐ fine
- ☐ sick
- ☐ probably
- ☐ cheap
- ☐ wonderful
- ☐ low
- ☐ professional
- ☐ enough
- ☐ lonely
- ☐ quick
- ☐ strange
- ☐ well
- ☐ slow
- ☐ afraid
- ☐ smart
- ☐ alone
- ☐ soon
- ☐ already
- ☐ blind
- ☐ common
- ☐ stupid
- ☐ silly
- ☐ anxious
- ☐ heavy
- ☐ helpful
- ☐ final
- ☐ human
- ☐ large
- ☐ likely
- ☐ proud
- ☐ angry
- ☐ rich
- ☐ certainly
- ☐ loud
- ☐ cultural
- ☐ soft
- ☐ special
- ☐ lovely
- ☐ curious
- ☐ financial
- ☐ social
- ☐ lucky
- ☐ smooth
- ☐ similar
- ☐ perfect
- ☐ high
- ☐ poor
- ☐ mad
- ☐ sure
- ☐ necessary
- ☐ dry
- ☐ serious
- ☐ good
- ☐ double
- ☐ chief
- ☐ sweet
- ☐ due
- ☐ clear
- ☐ interesting
- ☐ wet
- ☐ different
- ☐ long
- ☐ sharp
- ☐ exciting
- ☐ familiar
- ☐ difficult
- ☐ single
- ☐ famous
- ☐ correct
- ☐ especially
- ☐ simply
- ☐ current
- ☐ general
- ☐ normal
- ☐ other
- ☐ true
- ☐ main
- ☐ recent
- ☐ each
- ☐ except
- ☐ although
- ☐ though
- ☐ whether
- ☐ nor
- ☐ since
- ☐ until
- ☐ while
- ☐ unless

★★★★☆ _0301

next

[nekst]

1. ⓐ 다음의
2. ⓐ 가까운, 이웃의

» the next day 그 다음날
» the next town 이웃 마을

★★★☆☆ _0302

weak

[wiːk]

ⓐ 약한, 연약한

» weak eyes 약한 시력
» a weak will 약한 의지

❑ You should get off at the next stop.
다음 정거장에서 내리셔야 합니다.

❑ He looks very weak and timid.
그는 매우 약하고 소심해 보인다.

비슷 following 다음의	반대 distant 먼	반대 previous 앞의
명 weakness 약점	동 weaken 약하게 하다	반대 strong 강한

★★★☆☆ _0303

perhaps

[pərhǽps]

ad. 아마도, 어쩌면

» Perhaps that's true. 아마 그건 사실일 것이다.
» Perhaps not. 아마 아닐 것이다.

★★★★☆ _0304

quite

[kwait]

ad. 아주, 상당히, 정말

» quite a pretty girl 아주 예쁜 소녀
» quite right 정말 옳은

❑ Perhaps he won't come.
아마 그는 오지 않을 것이다.

❑ Are you quite sure of the date?
그 날짜를 전적으로 확신하니?

비슷 maybe 아마도 | 비슷 possibly 어쩌면 | 비슷 probably 아마
비슷 very 매우 | 비슷 truly 진정으로 | 비슷 perfectly 완전히

★★★★☆ _0305

really

[ríːəli]

ad. 정말로, 실제로

» Not really! 설마!
» a really cold morning 정말 추운 아침

★★★★☆ _0306

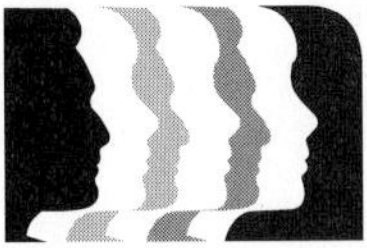

various

[vέəriəs]

ⓐ 여러 가지의, 가지각색의

» a tour of various countries 여러 나라 여행
» a man of various talent 다양한 재능을 가진 사람

❑ Are you really coming to Korea?
정말로 한국에 오니?

❑ She added the various seasonings.
그녀는 갖은 양념을 넣었다.

형 real 진실의	명 reality 진실	비슷 truly 참으로
명 variety 다양성	동 vary 바뀌다	부 variously 여러 가지로

★★★★☆ _0307

able

[éibl]

ⓐ 할 수 있는, 우수한 능력을 가진

» an able President 유능한 대통령
» a man able to speak English 영어를 말할 수 있는 사람

★★★☆☆ _0308

wild

[waild]

1. ⓐ 야생의, 야만의
2. ⓐ 거친, 광란의

» a wild beast 야수
» a wild sea 거친 바다

❑ He is able to drive a car.
그는 운전할 줄 안다.

❑ There is a wild tiger in this area.
이 지역에는 야생 호랑이가 있다.

명 ability 능력	비슷 capable 할 수 있는	반대 unable 할 수 없는
부 wildly 야생 상태로	비슷 rough 거친	반대 tame 길들여진

★★★★☆ _0309

short

[ʃɔːrt]

ⓐ 짧은, 간결한

» a short tail 짧은 꼬리
» a short trip 짧은 여행

★★★★★ _0310

possible

[pάsəbəl]

ⓐ 가능한, 일어날 수 있는

» if possible 가능하다면
» as soon as possible 가능한 한 빨리

- [ ] My sister is not satisfied with her short legs.
  내 여동생은 자신의 짧은 다리가 불만이다.
- [ ] Reply as soon as possible.
  가능한 빨리 답장을 줘.

부 shortly 곧	비슷 brief 간결한	반대 long 긴
명 possibility 가능성	비슷 acceptable 받아들일 만한	반대 impossible 불가능한

★★★★☆ _0311

wise

[waiz]

ⓐ 현명한, 신중한

» a wise saying 금언
» a good wife and wise mother 현모양처

★★★★★ _0312

private

[práivit]

ⓐ 사적인, 개인의

» a private opinion 사견
» a private college 사립대학

❑ She's a very wise woman.
그녀는 매우 현명하다.

❑ Don't use the phone for private purpose.
사적인 용무로 전화를 쓰지 마세요.

명 wisdom 지혜	비슷 clever 영리한	반대 foolish 어리석은
명 privacy 사생활	비슷 personal 개인의	반대 public 공공의

★★★★☆ _0313

fine

[fain]

ⓐ 훌륭한, 멋진

» a fine view 멋진 경치
» have a fine personality 좋은 인품을 지니다

★★★★☆ _0314

sick

[sik]

ⓐ 아픈, 병든

» get sick 병에 걸리다
» be sick with malaria 말라리아를 앓다

❑ The clothes are too fine for me.
그 옷은 나에게는 과하다.

❑ He's too sick to get out of bed.
그는 너무 아파서 침대에서 일어날 수 없다.

비슷 good 좋은 | 비슷 excellent 탁월한 | 비슷 nice 좋은
명 sickness 병 | 비슷 ill 병든 | 반대 healthy 건강한

★★★☆☆ _0315

probably

[prάbəbli]

ad. 아마, 대개는

» I'll probably be late. 아마 나는 늦을 것이다.
» Probably, he was guilty. 아마도 그는 유죄일거야.

★★★★☆ _0316

cheap

[tʃiːp]

ⓐ 값이 싼

» a cheap ticket 값싼 표
» buy a thing cheap 물건을 싸게 사다

❑ It's probably a generation gap.
그건 아마도 세대차이일 것입니다.

❑ As the book was cheap, I bought a copy.
책이 싸기에 한 권을 샀다.

형 probable 있음직한	비슷 perhaps 아마	반대 certainly 틀림없이
반대 dear 값비싼	반대 expensive 비싼	참고 price 가격

★★★★☆ _0317

wonderful

[wʌ́ndərfəl]

1. ⓐ 이상한, 놀랄 만한
2. ⓐ 훌륭한, 멋진

» wonderful to say 놀랍게도
» a wonderful achievement 놀라운 업적

★★★★☆ _0318

low

[lou]

ⓐ 낮은, 적은

» a room with a low ceiling 천장이 낮은 방
» speak in a low voice 낮은 목소리로 말하다

❑ I've had a wonderful time.
정말 즐거운 시간을 보냈습니다.

❑ The wage is very low.
급료가 너무 적다.

명 wonder 경이로운 일	비슷 fantastic 굉장한	반대 awful 지독한
동 lower 낮추다	비슷 humble 천한	반대 high 높은

★★★★☆ _0319

professional

[prəféʃənəl]

1. ⓐ 직업의, 전문의
2. ⓝ 전문가, 직업선수

» the professional spirit 직업 정신
» a professional baseball team 프로 야구단

★★★★★ _0320

enough

[inʌ́f]

ⓐ 충분한, 풍족한

» have enough sleep 충분한 수면을 취하다
» enough income to get along 살아가기에 충분한 수입

❑ The city created a new professional soccer team.
그 시는 새 프로 축구팀을 창단했다.

❑ She is ugly enough to stop a clock.
그 여자는 시계도 멈출 만큼 못생겼다.

명 profession 직업	반대 amateur 아마추어	참고 expert 전문가
비슷 sufficient 충분한	비슷 adequate 적절한	반대 scarce 부족한

★★★★☆ _0321

lonely

[lóunli]

ⓐ 외로운, 고독한

» feel lonely 외로움을 느끼다
» a lonely road 호젓한 길

★★★★☆ _0322

quick

[kwik]

ⓐ 빠른, 신속한

» a quick train 쾌속 열차
» a quick way to learn English 영어를 배우는 첩경

❑ At times, your life can be very lonely.
가끔은 너의 생활이 매우 외로울 수 있어.

❑ He was very quick in picking up words.
그는 말을 외우는 것이 매우 빨랐다.

비슷 solitary 혼자의	비슷 alone 혼자서	참고 sole 단독의
비슷 fast 빠른	비슷 rapid 신속한	반대 slow 느린

★★★★★ _0323

strange

[streindʒ]

ⓐ 이상한, 낯선

» a strange accident 이상한 사건
» move to a strange place 낯선 곳으로 이사가다

★★★★☆ _0324

well

[wel]

1. *ad*. 잘, 훌륭하게
2. ⓝ 우물, 샘

» speak English well 영어를 잘하다
» a well of information 지식의 샘

❑ I had a strange dream last night.
나는 지난밤에 이상한 꿈을 꾸었다.

❑ The business is well under way.
사업은 잘 진행되고 있다.

명 stranger 낯선 사람	비슷 odd 이상한	반대 familiar 익숙한
비슷 fully 충분히	비슷 spring 샘	반대 badly 나쁘게

★★★☆☆ _0325

slow

[slou]

ⓐ 느린, 둔한

» slow motion 느린 동작
» a slow beat 느린 박자

★★★★★ _0326

afraid

[əfréid]

1. ⓐ 유감스럽게 생각하는
2. ⓐ 걱정하는

» I'm afraid so. 유감이지만 그래요.
» Don't be afraid. 두려워하지 마.

❑ Be slow to promise, but quick to perform.
약속은 천천히, 실행은 빨리.

❑ I was afraid you might not show up.
당신이 오지 않을까 걱정했어요.

부 slowly 느리게	반대 quick 빠른	반대 fast 빠른
비슷 fearful 두려워하는	비슷 sorry 유감스러운	비슷 worried 걱정하는

★★★★☆ _0327

smart

[smɑːrt]

1. ⓐ 영리한, 재빠른
2. ⓐ 단정한, 맵시 있는

» a smart student 명석한 학생
» smart clothes 단정한 옷

★★★★☆ _0328

alone

[əlóun]

ⓐ 홀로, 혼자뿐인

» fight alone 홀로 싸우다
» travel in South America alone 혼자서 남미를 여행하다

❏ Kids are very smart these days.
요즘의 아이들은 영리해.

❏ I want to be alone.
혼자 있고 싶다.

비슷 clever 총명한 | 비슷 bright 영리한 | 반대 dull 우둔한
비슷 lonely 외로운 | 참고 lone 혼자의 | 참고 solo 독주

★★★★☆ _0329

soon

[suːn]

ad. 곧, 잠시 후

» as soon as possible 가능한 한 빨리
» The sooner, the better. 빠를수록 좋다

★★★★☆ _0330

already

[ɔːlrédi]

ad. 이미, 벌써

» as already reported 이미 보도된 것처럼
» I already told you. 벌써 네게 말했잖아.

- [ ] I will be back soon.
  쉬 돌아오겠습니다.

- [ ] They already know the answer.
  그들은 이미 답을 알고 있다.

비슷 immediately 즉시 비슷 shortly 곧 반대 slowly 천천히
반대 yet 아직 참고 still 여전히 참고 ready 준비된

★★★★☆ _0331

blind

[blaind]

ⓐ 눈먼, 장님의

» blind love 맹목적 사랑
» education for the blind 맹인을 위한 교육

★★★★★ _0332

common

[kámən]

1. ⓐ 공통의
2. ⓐ 일반의, 보통의

» common interests 공통의 이익
» a man of common sense 상식이 있는 사람

❑ The man is blind in the left eye.
그 남자는 왼쪽 눈이 안 보인다.

❑ Kim is the most common surname in Korea.
김씨는 한국에서 가장 흔한 성씨이다.

명 blindness 맹목	비슷 invisible 보이지 않는	참고 deaf 귀먹은
비슷 normal 보통의	비슷 usual 흔히 있는	반대 special 특별한

★★★★☆ _0333

stupid

[stjú:pid]

ⓐ 어리석은, 우둔한

» ask a stupid question 어리석은 질문을 하다
» a stupid movie 지루한 영화

★★★☆☆ _0334

silly

[síli]

ⓐ 어리석은, 바보 같은

» a silly joke 시시한 농담
» Don't be silly! 바보처럼 굴지 마!

❑ How stupid I was!
내가 정말로 어리석었어!

❑ It is very silly of him to say such a thing.
그런 말을 하다니 그도 바보군.

비슷 foolish 어리석은	비슷 silly 어리석은	비슷 dull 우둔한
비슷 stupid 어리석은	비슷 foolish 어리석은	반대 wise 현명한

★★★★★ _0335

anxious

[ǽŋkʃəs]

1. ⓐ 걱정하는, 불안한
2. ⓐ 갈망하는, 몹시 원하는

» an anxious look 걱정스러운 얼굴
» be anxious about health 건강을 염려하다

★★★★☆ _0336

heavy

[hévi]

ⓐ 무거운, 심한

» impose a heavy tax 무거운 세금을 부과하다
» a heavy rain 심한 비

❏ He is anxious to continue his study in USA.
그는 미국에서 학업을 계속하기를 갈망하고 있다.

❏ The cabinet is much too heavy to lift.
그 장식장은 들기에 너무 무겁다.

명 anxiety 걱정, 불안 비슷 uneasy 불안한 비슷 eager 갈망하는
비슷 serious 심한 비슷 violent 격렬한 반대 light 가벼운

★★★★☆ _0337

helpful

[hélpfəl]

ⓐ 도움이 되는, 유익한

» helpful information 유익한 정보
» a helpful site 유용한 사이트

★★★☆☆ _0338

final

[fáinəl]

ⓐ 최후의, 결정적인

» a final decision 최종적인 결정
» a final game 결승전

- Is an early education helpful for kids?
  조기교육이 아이들에게 도움이 될까?
- When can I know your final decision?
  언제 내가 최종 결정을 알 수 있나요?

명 help 도움 비슷 useful 유용한 반대 helpless 무력한
비슷 last 최후의 반대 first 처음의 참고 crucial 중대한

★★★★★ _0339

human

[*h*júːmən]

ⓐ 인간의, 사람의

» a human being 인간
» the human race 인류

★★★★☆ _0340

large

[lɑː*r*dʒ]

ⓐ 큰, 넓은

» a large area 광대한 지역
» a large family 대가족

❑ Korea is rich in human resources.
한국은 인적 자원이 풍부하다.

❑ This bag is too large to carry on the plane.
이 짐은 비행기 안에 들고 가기에 너무 큽니다.

명 humanity 인간성　형 humane 자비로운　참고 mankind 인류
부 largely 크게　비슷 big 큰　반대 small 작은

★★★★☆ _0341

likely

[láikli]

ⓐ 있음직한, 그럴듯한

» a likely story 그럴듯한 이야기
» a thing not likely to happen 일어날 것 같지도 않은 일

★★★★☆ _0342

proud

[praud]

ⓐ 자랑스러워하는, 거만한

» a proud look 뻐기는 듯한 얼굴
» be proud of her beauty 아름다움을 뽐내다

❑ It's likely to snow.
눈이 올 것 같다.

❑ Your performance was perfect. I am so proud of you!
너희들의 연기는 완벽했어. 너희들이 정말 자랑스럽구나!

비슷 probable 있음직한	비슷 possible 있음직한	참고 apt 적절한
명 pride 자부심	비슷 haughty 오만한	반대 humble 겸손한

★★★★★ _0343

angry

[ǽŋgri]

ⓐ 화난, 분개한

» an angry look 성난 얼굴
» be angry about something ~에 화가 나다

★★★★☆ _0344

rich

[ritʃ]

ⓐ 부유한, 풍부한

» a rich man 부유한 사람
» a country rich in oil 석유가 풍부한 나라

❑ I'm still very angry with you.
나는 여전히 당신한테 화가 나 있다.

❑ He is rich enough to buy a plane.
그는 비행기를 살 만큼 부자다.

명 anger 화	부 angrily 성나서	비슷 mad 화난
비슷 wealthy 넉넉한	비슷 abundant 풍부한	반대 poor 가난한

★★★★☆ _0345

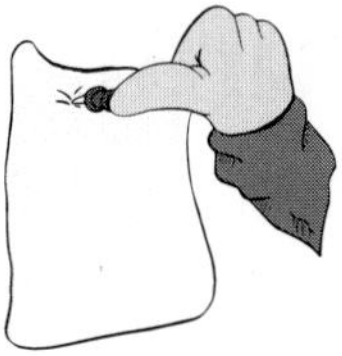

certainly

[sə́ːrtənli]

ad. 확실히, 틀림없이

» most certainly 틀림없이
» Certainly not! 어림도 없다.

★★★☆☆ _0346

loud

[laud]

ⓐ 시끄러운, (목소리가) 큰

» talk loud 큰 소리로 말하다
» explode with a loud noise 굉음을 내며 폭발하다

❑ Certainly you are wrong.
확실히 네가 잘못이다.

❑ Don't talk so loud.
큰 소리로 말하지 마라.

형 certain 확실한	비슷 undoubtedly 틀림없이	비슷 surely 분명히
비슷 noisy 시끄러운	반대 faint 희미한	반대 quiet 조용한

★★★★☆ _0347

cultural

[kʌ́ltʃərəl]

ⓐ 교양의, 문화의

» raise the cultural standard 문화 수준을 높이다
» cultural interchange between Korea and America
한미간의 문화 교류

★★★☆☆ _0348

soft

[sɔ(ː)ft]

ⓐ 부드러운, 온화한

» a soft climate 온화한 날씨
» speak in a soft tone 부드러운 목소리로 말하다

❑ He teaches cultural history in the high school.
그는 고등학교에서 문화사를 가르치고 있다.

❑ What kind of soft drinks do you have?
음료수는 어떤 종류가 있습니까?

명 culture 문화	비슷 civilized 문명화된	반대 ignorant 무식한
동 soften 부드럽게 하다	비슷 mild 온화한	반대 hard 딱딱한

★★★★☆ _0349

special

[spéʃəl]

ⓐ 특별한, 특수한

» special occasions 특별한 경우
» a special hospital 전문병원

★★★☆☆ _0350

lovely

[lʌ́vli]

ⓐ 사랑스러운, 귀여운

» a lovely woman 사랑스러운 여자
» have a lovely time 즐거운 시간을 보내다

❏ Is there any special menu for today?
오늘 특별 메뉴가 있습니까?

❏ Thank you for the lovely present.
예쁜 선물, 고마워요.

부 specially 특별하게	비슷 particular 특별한	반대 normal 보통의
비슷 beautiful 아름다운	비슷 cute 귀여운	반대 ugly 추한

★★★★★ _0351

curious

[kjúəriəs]

ⓐ 호기심이 강한, 이상한

» a curious sight 이상한 광경
» curious to say 이상한 얘기지만

★★★★☆ _0352

financial

[finǽnʃəl]

ⓐ 재정의, 금융의

» financial ability 재력
» the financial condition 재정상태

❑ I am always curious about his business.
나는 항상 그의 일에 흥미를 가지고 있다.

❑ He offered me more financial assistance.
그는 나에게 더 많은 재정적인 지원을 해주었다.

명 curiosity 호기심 비슷 strange 이상한 비슷 odd 이상한
명 finance 재정 비슷 monetary 금전의 참고 finance company 금융회사

★★★★★ _0353

social

[sóuʃəl]

ⓐ 사회적인, 사교적인

» social customs 사회 관습
» social reform 사회 개혁

★★★☆☆ _0354

lucky

[lʌ́ki]

ⓐ 운이 좋은, 행운의

» a lucky man 행운아
» a lucky mistake 행운의 실수

❏ Man is a social being.
인간은 사회적 존재이다.

❏ It's not my lucky day.
재수가 없는 날인가 봐.

명 society 사회 | 부 socially 사회적으로 | 비슷 public 공공의
명 luck 행운 | 비슷 fortunate 행운의 | 반대 unlucky 운이 없는

★★★★☆ _0355

smooth

[smuːð]

ⓐ 매끄러운, 부드러운

» a smooth face 매끈한 얼굴
» skin as smooth as silk 비단처럼 매끄러운 살결

★★★★★ _0356

similar

[símələr]

ⓐ 비슷한, 유사한

» a similar case 유사한 경우
» two similar paintings 두 장의 비슷한 그림

❑ Her skin was as smooth as silk.
그녀의 피부는 비단결처럼 고왔다.

❑ I've done something similar to this.
이것과 비슷한 것을 많이 해 봤거든요.

부 smoothly 매끄럽게	비슷 fluent 유창한	반대 rough 거친
비슷 like 비슷한	비슷 alike 비슷한	반대 different 다른

★★★★★ _0357

perfect

[pə́ːrfikt]

ⓐ 완전한, 완벽한

» a perfect day 더할 나위 없는 즐거운 하루
» a perfect crime 완전 범죄

★★★☆☆ _0358

high

[hai]

ⓐ 높은, 고등의

» a person of high rank 지위가 높은 사람
» drive at high speed 고속으로 주행하다

❑ He has a perfect driving record for ten years.
그는 10년간의 무사고 운전 기록을 가지고 있다.

❑ Everyone wants high wages.
누구나 많은 급여를 원한다.

명 perfection 완전	부 perfectly 완벽하게	비슷 complete 완전한
명 height 높이	비슷 lofty 높은	반대 low 낮은

★★★☆☆ _0359

poor

[puər]

ⓐ 가난한, 빈약한

» Her family is poor. 그녀의 가족은 가난하다.
» a poor harvest 보잘것없는 수확

★★★☆☆ _0360

mad

[mæd]

ⓐ 미친, 열광적인

» a mad dog 미친 개
» mad about pop music 대중 음악에 열광하는

❑ Unfortunately, Korea is poor in natural resources.
불행히도 한국은 천연자원이 빈약하다.

❑ I'm certain that the man has gone mad.
나는 그 남자가 미쳤다고 확신한다.

명 poverty 가난	반대 rich 부유한	반대 nice 좋은
명 madness 광기	비슷 crazy 미친	비슷 angry 화가 난

★★★★☆ _0361

sure

[ʃuər]

ⓐ 확신하는, 틀림없는

» a sure victory 확실한 승리
» Be sure to come. 틀림없이 와 주시오.

★★★★★ _0362

necessary

[nésəsèri]

ⓐ 필요한, 필수적인

» if necessary 필요하다면
» a necessary evil 필요악

❑ What makes you so sure?
어떻게 그렇게 자신을 하지?

❑ I don't think the handcuffs will be necessary.
수갑이 필요할 것 같지는 않다.

부 surely 확실하게	동 assure 보장하다	비슷 certain 틀림이 없는
명 necessity 필요성	부 necessarily 필연적으로	비슷 essential 필수적인

★★★☆☆ _0363

dry

[drai]

ⓐ 건조한, 목마른

» a dry cough 마른기침
» change wet clothes for dry ones
젖은 옷을 마른 옷으로 갈아입다

★★★★☆ _0364

serious

[síəriəs]

ⓐ 진지한, 심각한

» a serious look 진지한 얼굴
» a serious matter 중대한 문제

❑ Fall is a dry season.
가을은 건조한 계절입니다.

❑ Sometimes he is too serious.
가끔 그는 지나치게 신중해.

비슷 thirsty 목마른	반대 wet 젖은	반대 damp 습한
부 seriously 진지하게	비슷 earnest 진지한	비슷 severe 심한

★★★☆☆ _0365

good

[gud]

ⓐ 좋은, 잘하는

» a good wife and wise mother 현모양처
» make good use of spare time 여가를 선용하다

★★★☆☆ _0366

double

[dʌ́bəl]

ⓐ 두 배의, 두 번 거듭한

» receive double pay 2배의 임금을 받다
» give a double knock 똑똑 두 번 노크하다

❑ Did you have a good sleep last night?
어젯밤 잘 잤습니까?

❑ The word 'look' has a double 'o' in the middle.
단어 look에는 가운데에 o가 두 개 있다.

비슷 nice 좋은	반대 bad 나쁜	반대 evil 악한
참고 half 절반의	참고 twice 두 번	참고 couple 한 쌍

★★★★☆ _0367

chief

[tʃiːf]

1. ⓐ 주요한, 최고위의
2. ⓝ 장, 상관

» chief point 주요 사항
» the chief nurse 수간호사

★★★☆☆ _0368

sweet

[swiːt]

ⓐ 달콤한, 맛있는

» sweet potato 고구마
» dream a sweet dream 단꿈을 꾸다

❑ These are the chief reasons.
주된 원인은 이러한 것들이다.

❑ Patience is bitter, but its fruit is sweet.
인내는 고통스럽지만 그 열매는 달다.

부 chiefly 주로, 대개	비슷 main 주된	비슷 principal 주요한
반대 bitter 쓴	참고 hot 매운	참고 sour 신

★★★★☆ _0369

due

[djuː]

1. ⓐ 만기가 된, 지불일자가 된
2. ⓐ 하기로 되어 있는

» due date (어음의) 만기일
» pay by the due date 만기일까지 지불하다

★★★★☆ _0370

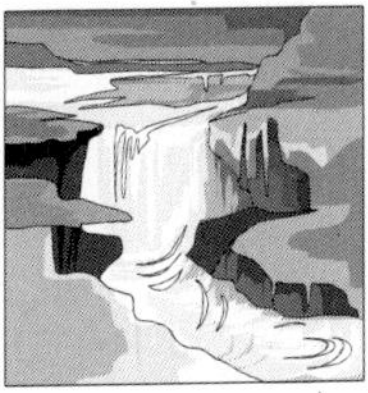

clear

[kliər]

1. ⓐ 맑은, 깨끗한
2. ⓥ 깨끗하게 하다

» a clear sky 맑게 갠 하늘
» clear a ditch 도랑을 치다

❑ The train is due at six-thirty.
그 열차는 여섯시 반에 도착할 예정이다.

❑ Clear all the papers off the table.
책상 위의 서류를 모두 치워라.

비슷 matured 만기가 된	참고 due to ~ 때문에	참고 scheduled 예정된
명 clearance 정리	비슷 light 밝은	반대 dark 어두운

★★★★☆ _0371

interesting

[íntəristiŋ]

ⓐ 흥미로운, 재미있는

» an interesting book 재미있는 책
» an interesting piece of news 재미있는 뉴스

★★★★☆ _0372

wet

[wet]

ⓐ 젖은, 축축한

» wet clothes 젖은 옷
» Wet paint! 페인트 조심

❑ The story reached the most interesting part.
이야기는 클라이맥스에 이르렀다.

❑ He dried wet clothes by the fire.
그는 불에 젖은 옷을 말렸다.

명 interest 흥미	비슷 funny 재미있는	반대 dull 지루한
비슷 moist 촉촉한	비슷 damp 습기찬	반대 dry 건조한

★★★★★ _0373

different

[dífərənt]

ⓐ 다른, 상이한

» a different kind of things 다른 종류
» different people with the same name 동명이인

★★★★☆ _0374

long

[lɔːŋ]

ⓐ 긴, 오랜

» quite a long way 꽤 먼 길
» a long conversation 긴 대화

❑ Different nations have different customs.
민족이 다르면 풍속도 다르다.

❑ Life is short, art is long.
인생은 짧고 예술은 길다.

명 difference 차이	동 differ 다르다	참고 various 각양각색의
명 length 길이	반대 short 짧은	반대 brief 짧은

★★★★☆ _0375

sharp

[ʃɑːrp]

ⓐ 날카로운, 예리한

» a sharp point 날카로운 끝
» a sharp mind 약삭빠른 머리

★★★★☆ _0376

exciting

[iksáitiŋ]

ⓐ 흥미진진한, 흥분시키는

» an exciting game 흥미진진한 경기
» exciting Christmas programs 흥미로운 크리스마스 행사

❑ Tony cut a rope with a sharp knife.
토니는 날카로운 칼로 밧줄을 잘랐다.

❑ I heard an exciting story from her yesterday.
나는 어제그녀에게서 재미있는 이야기를 들었다.

부 sharply 날카롭게	비슷 pointed 끝이 뾰족한	비슷 keen 날카로운
동 excite 흥분시키다	비슷 interesting 재미있는	반대 calm 평온한

★★★★☆ _0377

familiar

[fəmíljər]

ⓐ 낯익은, 익숙한

» a familiar face 낯익은 얼굴
» give a familiar example 흔한 예를 들다

★★★★☆ _0378

difficult

[dífikʌ̀lt]

ⓐ 어려운, 힘든

» a difficult task 어려운 일
» difficult to answer 대답하기 어려운

❑ He is familiar with social problems.
그는 사회문제에 정통하다.

❑ It is difficult to get a taxi around here.
이 근처에서 택시를 잡기가 힘듭니다.

비슷 friendly 친한	비슷 intimate 친밀한	반대 strange 낯선
명 difficulty 어려움	비슷 hard 어려운	반대 easy 쉬운

★★★☆☆ _0379

single

[síŋgəl]

1. ⓐ 단 하나의, 한 개의
2. ⓐ 독신의, 혼자의

» refuse it by a single word 한마디로 거절하다
» remain single all one's life 평생 홀몸으로 살다

★★★★★ _0380

famous

[féiməs]

ⓐ 유명한

» a famous pianist 유명한 피아니스트
» a town famous as a summer resort 피서지로 유명한 도시

❑ Do you have a single room available?
1인용 방이 있습니까?

❑ Chungju is famous for apples.
충주는 사과로 유명하다

비슷 sole 유일한	비슷 unique 유일한	참고 bachelor 미혼 남자
명 fame 명성	비슷 well-known 잘 알려진	반대 notorious 악명 높은

★★★★★ _0381

correct [kərékt]

1. ⓐ 옳은, 정확한
2. ⓥ 고치다, 바로잡다

» a correct answer 정답
» correct a mistake 잘못을 고치다

★★★★☆ _0382

especially [ispéʃəli] *ad.* 특히, 유달리

» especially in winter 특히 겨울에는
» especially worthy of notice 특히 주목할 만한

비슷 right 바른 | 비슷 exact 정확한 | 반대 wrong 틀린
형 especial 특별한, 각별한 | 비슷 specially 특별히 | 비슷 particularly 특히

★★★★☆ _0383

simply [símpli] *ad.* 간단히, 간소하게

» to put it simply 간단하게 말하면
» dress simply 간소하게 차려입다

★★★★☆ _0384

current [kə́:rənt] ⓐ 현재의, 지금의

» current English 현대 영어
» the plan for the current month 이 달의 계획

형 simple 간단한 | 동 simplify 단순화하다 | 비슷 plainly 꾸밈없이
명 currency 통화 | 반대 ancient 옛날의 | 참고 current topics 오늘의 화제

★★★★★ _0385

general [dʒénərəl] ⓐ 일반적인, 전체적인

» general knowledge 일반적인 지식
» declare a general strike 총파업을 선언하다

★★★★☆ _0386

normal [nɔ́ːrməl] ⓐ 정상의, 표준적인

» the normal condition 정상상태
» change the normal order 정상적인 순서를 바꾸다

부 generally 일반적으로 비슷 common 보통의 참고 generous 관대한
비슷 regular 정규의 비슷 common 일반의 반대 abnormal 비정상의

★★★☆☆ _0387

other [ʌ́ðər] ⓐ 다른, 또 하나의, 별개의

» Any other question? 또다른 질문 있는 사람?
» on the other side of the river 강의 건너편에

★★★★☆ _0388

true [truː] ⓐ 정말의, 진실의

» a true story 실화
» A dream comes true. 꿈이 이루어지다.

부 otherwise 다른 방법으로 비슷 additional 또 하나의 비슷 not the same 별개의
명 truth 진실 비슷 real 진실의 반대 false 거짓의

★★★★☆ _0389

main [mein] ⓐ 주요한, 주된

» the main office 본사
» the main point (토론 따위의) 요점

★★★★☆ _0390

recent [ríːsənt] ⓐ 최근의, 근대의

» in recent weeks 지난 몇 주 동안에
» the recent tendency 최근의 경향

비슷 chief 주요한 | 비슷 principal 주요한 | 참고 main course 주된 요리
부 recently 최근에 | 비슷 newly 최근에 | 비슷 contemporary 현대의

★★★☆☆ _0391

each [iːtʃ] ⓐ 각자의, 개개의

» each year 해마다, 매년
» each book on the desk 책상 위에 있는 각각의 책

★★★★☆ _0392

except [iksépt] 1. *prep.* ~를 제외하고는 2. ⓥ 빼다, 제외하다

» No admittance except on business. 용무자 외에는 출입금지
» I except foreigners. 외국인은 제외합니다.

참고 every 모든 | 참고 all 모든 | 참고 each other 서로
명 exception 제외 | 비슷 exclude 제외하다 | 반대 include 포함하다

★★★★☆ _0393

although [ɔːlðóu]

conj. 비록 ~일지라도, ~이지만

» Although poor, Jack is happy.
비록 가난하지만 잭은 행복하다.

» The girl is wise although she is young.
그 소녀는 비록 어리지만 영리하다.

★★★★☆ _0394

though [ðou]

conj. 비록 ~일지라도, ~임에도 불구하고

» even though you don't like it
네가 그것을 좋아하지 않을지라도

» though he is a millionaire 그는 백만장자임에도 불구하고

★★★★☆ _0395

whether [*h*wéðə*r*]

1. *conj.* ~인지 어떤지
2. *conj.* ~이든지 아니든지, 여하간에

» I don't know whether he will come or not.
그가 올지 안 올지 난 모른다.

» Tell me whether he is at home (or not).
그가 집에 있는지 어떤지 말해 주시오.

★★★★☆ _0396

nor [nɔːr]

conj. ~도 또한 ~않다

» A: I don't like a dog. 난 개가 싫어.
B: Nor do I. 나도 싫어.

» Neither she nor I am wrong. 그녀도 나도 잘못은 없다.

★★★★☆ _0397

since [sins]

1. *conj.* ~이래로 줄곧
2. *conj.* ~이므로, ~이기 때문에

» since then 그 때 이래로

» since there is no more time 시간이 더 이상 없으므로

★★★★☆ _0398

until [əntíl]

conj. ~까지, ~까지 줄곧

» until then 그때까지

» Sit down and wait until your name is called.
이름을 부를 때까지 앉아서 기다리세요.

★★★★☆ _0399

while [*h*wail]

1. *conj.* ~하는 동안에
2. *conj.* 반면에, 한편

» for a while 잠시동안

» He likes sports, while I like books.
그가 스포츠를 좋아하는 반면에 나는 책을 좋아한다.

★★★★☆ _0400

unless [ənlés]

conj. 만약 ~하지 않으면

» unless it rains 비가 오지 않는다면

» Learning is useless unless you put into practice.
배움은 실천하지 않으면 소용이 없다.

Review Test 4

1 다음 각 단어의 알맞은 뜻을 연결하시오.

1. private	자랑스러워하는
2. cultural	외로운
3. proud	문화의
4. smart	전문적인
5. lonely	사적인
6. lovely	도움이 되는
7. professional	영리한
8. helpful	일반적인
9. blind	사랑스러운
10. general	눈먼

» **Answers**

1. 사적인 **2**. 문화의 **3**. 자랑스러워하는 **4**. 영리한 **5**. 외로운
6. 사랑스러운 **7**. 전문적인 **8**. 도움이 되는 **9**. 눈먼 **10**. 일반적인

2 다음 빈칸에 알맞은 단어를 보기에서 골라 쓰시오.

correct	able	common	anxious
likely	enough	slow	weak

1. a ________ answer
   정답
2. a ________ will
   약한 의지
3. a ________ beat
   느린 박자
4. a man ________ to speak English
   영어를 말할 수 있는 사람
5. have ________ sleep
   충분한 수면을 취하다
6. a ________ story
   그럴듯한 이야기
7. ________ interests
   공통의 이익
8. an ________ look
   걱정스러운 얼굴

» **Answers**

1. correct **2**. weak **3**. slow **4**. able **5**. enough **6**. likely **7**. common **8**. anxious

3 다음 빈칸에 알맞은 단어를 보기에서 골라 쓰시오.

afraid	possible	since
except	sooner	while

1. ________ then
   그 때 이래로

2. I'm ________ so.
   유감이지만 그래요.

3. Reply as soon as ________ .
   가능한 빨리 답장을 줘.

4. Somebody called ________ you were out.
   당신이 외출한 동안에 누군가 전화를 했어요.

5. No admittance ________ on business.
   용무자 외에는 출입 금지

6. The ________ , the better.
   빠를수록 좋다

» **Answers**

1. since **2**. afraid **3**. possible **4**. while **5**. except **6**. sooner

4 다음 표시된 말의 알맞은 해석을 쓰시오.

1. Sit down and wait until your name is called.

   ____

2. a familiar face

   ____

3. I don't know whether he will come or not.

   ____

4. a famous pianist

   ____

5. Although poor, Jack is happy.

   ____

6. the financial condition

   ____

7. a man of various talent

   ____

8. Man is a social being.

   ____

» **Answers**

1. ~일 때까지 **2**. 낯익은 **3**. ~인지 아닌지 **4**. 유명한 **5**. 비록 ~이지만 **6**. 재정의 **7**. 다양한 **8**. 사회적

Chapter 5

빈출단어 200 I

PREVIEW

- ☐ government
- ☐ case
- ☐ however
- ☐ area
- ☐ form
- ☐ speak
- ☐ provide
- ☐ percent
- ☐ public
- ☐ national
- ☐ rate
- ☐ bit
- ☐ record
- ☐ ready
- ☐ minister
- ☐ deal
- ☐ society
- ☐ language
- ☐ present
- ☐ trade
- ☐ charge
- ☐ range
- ☐ effort
- ☐ answer
- ☐ international
- ☐ project
- ☐ further
- ☐ stay
- ☐ apply
- ☐ total
- ☐ conversation
- ☐ officer
- ☐ security
- ☐ represent
- ☐ prepare
- ☐ population
- ☐ mark
- ☐ environment
- ☐ income
- ☐ training
- ☐ left
- ☐ damage
- ☐ safety
- ☐ growth
- ☐ strike
- ☐ resource
- ☐ suffer
- ☐ treat
- ☐ prime
- ☐ avoid
- ☐ nearly
- ☐ remove
- ☐ university
- ☐ post
- ☐ judge
- ☐ protect
- ☐ exactly
- ☐ president
- ☐ credit
- ☐ track
- ☐ item
- ☐ version
- ☐ discover
- ☐ surface
- ☐ prevent
- ☐ majority
- ☐ variety
- ☐ sentence
- ☐ apart
- ☐ parliament
- ☐ flat
- ☐ importance
- ☐ article
- ☐ reference
- ☐ communication
- ☐ favor
- ☐ directly
- ☐ content
- ☐ equipment
- ☐ extra
- ☐ slightly
- ☐ arise
- ☐ ahead
- ☐ scale
- ☐ local
- ☐ rather
- ☐ reason
- ☐ past
- ☐ actually
- ☐ century
- ☐ situation
- ☐ method
- ☐ modern
- ☐ instance
- ☐ addition
- ☐ affair
- ☐ opinion
- ☐ relative
- ☐ suggest
- ☐ average

★★★★★ _0401

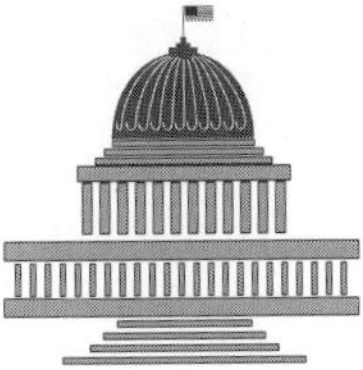

government

[gʌ́vərnmənt]

ⓝ 정부, 정치

» the local government 지방 정부
» government for the people 국민을 위한 정부

★★★★☆ _0402

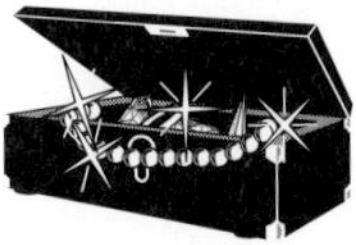

case

[keis]

1. ⓝ 상자
2. ⓝ 사례, 사건

» a jewel case 보석 상자
» a murder case 살인 사건

❏ Recently, the government increased taxes.
최근 정부는 세금을 인상했다.

❏ In any case, be sure to let me know.
어떤 경우라도 반드시 저한테 알려 주세요.

동 govern 통치하다	비슷 administration 행정	비슷 politics 정치(학)
비슷 box 상자	비슷 example 예	비슷 instance 사례

★★★★☆ _0403

however

[hauévər]

1. *ad.* 그러나
2. *ad.* 아무리 ~하여도

» however, just at the moment 그러나, 그 순간에
» however you do it 그것을 아무리 해도

★★★★☆ _0404

area

[ɛ́əriə]

ⓝ 지역, 분야

» the desert area 사막 지역
» the area of science 과학의 분야

❑ However hard you may try, you will not be able to do it.
아무리 해본들 너는 그것을 할 수 없을 것이다.

❑ I don't know this area well.
나는 이 지역을 잘 모른다.

비슷 but 그러나 비슷 no matter how 아무리 ~할지라도 반대 and 그리고
비슷 zone 지대 비슷 region 지역 비슷 field 분야

★★★★☆ _0405

form

[fɔːrm]

1. ⓝ 모양, 형태
2. ⓥ 형성하다, 이루다

» stones of strange forms 이상한 모양의 돌들
» form a long line 길게 줄을 짓다

★★★★☆ _0406

speak

[spiːk]

ⓥ 말하다, 이야기하다

» honestly speaking 솔직히 말해서
» speak at a conference 회의에서 발언하다

❑ He is a devil in human form.
그는 인간의 모습을 하고 있는 악마다.

❑ Jinsoo speaks English like a native.
진수는 영어를 원어민처럼 말한다.

명 formation 형성	형 formal 공식적인	비슷 pattern 양식
명 speech 말	비슷 talk 말하다	비슷 tell 말하다

★★★★★ _0407

provide

[prəváid]

1. ⓥ 주다, 제공하다
2. ⓥ 준비하다, 대비하다

» provide a hint 힌트를 주다
» provide for a rainy day 비오는 날에 대비하다

★★★☆☆ _0408

percent

[pərsént]

ⓝ 퍼센트, 백분율

» five-percent interest 5퍼센트의 이자
» a small percent of the class 그 반의 몇몇이

❑ Our company will provide after-sale service on this machine.
저희 회사는 이 기계에 대해서 애프터서비스를 제공합니다.

❑ There is a 30 percent of rain.
강수 확률은 30%입니다.

명 provision 준비	비슷 supply 공급하다	비슷 prepare 준비하다
비슷 percentage 백분율	참고 proportion 비율	참고 cent 백(百)

★★★★★ _0409

public

[pʌ́blik]

1. ⓐ 공중의, 대중의
2. ⓐ 공적인

» a public transportation 대중 교통
» observe public morals 공중도덕을 지키다

★★★★☆ _0410

national

[nǽʃənəl]

ⓐ 국가의, 국민의

» a national holiday 국경일
» build up national power 국력을 키우다

❑ I borrowed two books from the public library.
나는 공공 도서관에서 책 두 권을 대출했다.

❑ The national flag is flying at every house.
국기가 집집마다 걸려 있다.

명 publicity 공개	반대 private 사적인	참고 common 공동의
명 nation 국가	참고 country 나라	참고 international 국제적인

★★★★☆ _0411

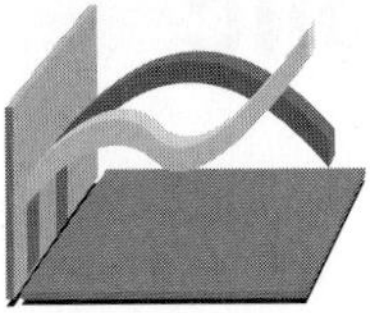

rate

[reit]

1. ⓝ 비율, 속도
2. ⓝ 요금, 가격

» the birth rate 출생률
» railroad rates 철도 운임

★★★☆☆ _0412

bit

[bit]

ⓝ 조각, 조금

» a bit of ice cream 약간의 아이스크림
» eat a little bit at a time 조금씩 먹다

❏ What's the exchange rate today?
오늘 환율이 어떻게 되나요?

❏ She is a bit of tomboy.
그녀는 약간 말괄량이이다.

비슷 proportion 비율 | 비슷 ratio 비율 | 비슷 price 가격
비슷 piece 조각 | 참고 a few 소수의 | 참고 a little 소량의

★★★★☆ _0413

record

[rikɔ́ːrd]

1. ⓥ 기록하다, 녹음하다
2. ⓝ 기록, 음반 [rékərd]

» record history in books 역사를 책으로 기록하다
» a record of accidents 사고 기록

★★★★☆ _0414

ready

[rédi]

ⓐ 준비된, 채비를 갖춘

» give a ready answer 즉시 대답하다
» get dinner ready 저녁식사를 준비하다

❑ The writer kept a record of her words.
그 작가는 그녀의 말을 기록했다.

❑ I'm ready to help you all.
당신 모두를 도울 준비가 되어있어요.

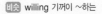

비슷 write 쓰다	비슷 register 등록하다	참고 recorder 녹음기
비슷 prepared 준비된	비슷 willing 기꺼이 ~하는	참고 immediate 즉시의

★★★★☆ _0415

minister

[mínistər]

1. ⓝ 성직자, 목사
2. ⓝ 장관, 각료

» Minister Martin Luther King 마틴 루터 킹 목사
» the Minister of Foreign Affairs 외교부 장관

★★★★☆ _0416

deal

[diːl]

1. ⓥ 다루다, 처리하다
2. ⓥ 나누어주다, 분배하다

» deal with the problem 그 문제를 다루다
» deal out gifts to the poor 가난한 이들에게 선물을 나눠주다

❑ The new Minister of Education is on a visit to France.
신임 교육부 장관은 프랑스를 방문중이다.

❑ He deals in machinery.
그는 기계류를 취급하고 있다.

비슷 secretary 장관	비슷 clergyman 성직자	비슷 priest 성직자
명 dealing 거래	비슷 distribute 분배하다	참고 dealer 상인

★★★★★ _0417

society

[səsáiəti]

ⓝ 사회, 모임

» a primitive society 원시 사회
» a music-lover's society 음악 동호회

★★★★★ _0418

language

[lǽŋgwidʒ]

ⓝ 말, 언어

» the Korean language 한국어
» a foreign language 외국어

❑ That's the rule of our whole society.
그것이 우리 사회 전체의 규칙이다.

❑ She has a free command of three languages.
그녀는 3개 국어에 능통하다.

형 social 사회의 비슷 community 공동체 참고 friendship 친목
참고 tongue 혀, 말 참고 speech 말 참고 native 원어민

★★★★★ _0419

present

[prézənt]

1. ⓐ 현재의, 출석한
2. ⓥ 제출하다, 증정하다
3. ⓝ 선물

» a birthday present 생일선물
» the present state of sale 현재의 판매 상태

★★★★☆ _0420

trade

[treid]

ⓝ 매매, 무역, 통상

» trade between the two countries 두 나라 간의 교역
» trade with America 미국과 무역하다

❑ He presented his personal view of the affair.
그는 그 일에 대한 개인적 견해를 제시했다.

❑ That's the worst trade of my life!
그것은 내 생애 최악의 거래다!

명 presence 존재	비슷 give 주다	비슷 gift 선물
비슷 business 장사	비슷 commerce 상업	참고 trader 상인

★★★★☆ _0421

charge

[tʃɑːrdʒ]

1. ⓥ (짐을) 싣다, 충전하다
2. ⓥ (부담을) 지우다, 청구하다

» charge a battery 배터리를 충전하다
» charge 10 dollars for service 봉사료로 10달러를 청구하다

★★★★☆ _0422

range

[reindʒ]

1. ⓝ 열, 줄
2. ⓝ 범위, 한계

» a range of mountains 산맥
» the range of vision 시야

❑ How much do you charge me?
제가 얼마를 내야 하죠?

❑ The task is out of my range.
그 일은 나에게는 무리이다.

비슷 load 짐을 싣다 비슷 burden 짐을 지우다 반대 discharge 짐을 내리다
비슷 limit 한계 비슷 reach 미치는 범위 비슷 extent 정도

★★★★★ _0423

effort

[éfərt]

ⓝ 노력, 수고

» make an effort 노력하다
» efforts of many years 수년간의 노력

★★★☆☆ _0424

answer

[ǽnsər]

1. ⓝ 대답, 답변
2. ⓥ 답하다

» a correct answer 정답
» answer the letter 답장을 하다

❑ Success is the fruits of one's efforts.
성공은 노력의 결과이다.

❑ Your answer made me so happy.
당신의 답변에 나는 무척 행복했습니다.

참고 labor 노동, 노고	참고 strive 노력하다	참고 struggle 발버둥치다
비슷 reply 대답하다	비슷 solution 해답	반대 question 질문

★★★★☆ _0425

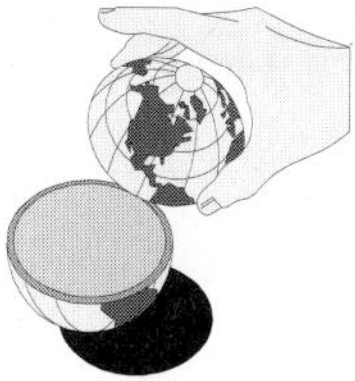

international

[ìntərnǽʃənəl]

ⓐ 국제의, 국제적인

» international law 국제법
» international trade 국제 무역

★★★★☆ _0426

project

[prədʒékt]

1. ⓝ 계획, 기획
2. ⓥ 계획하다, 발사하다

» construction project 건설 계획
» project a new business 새로운 사업을 기획하다

❑ I hardly make an international call.
나는 국제 전화를 거의 하지 않는다.

❑ I am in charge of this project.
제가 이 사업을 담당하고 있습니다.

비슷 global 전세계의	참고 foreign 외국의	참고 domestic 국내의
비슷 plan 계획	비슷 scheme 계획	비슷 program 행사계획

★★★★☆ _0427

further

[fə́:rðər]

ad. 더욱 멀리, 더 나아가

» go further away 더 멀리 가다
» thus far and no further 여기까지(더 이상은 안 돼)

★★★★★ _0428

stay

[stei]

ⓥ 머무르다, 체류하다

» stay for a long time 오래 체류하다
» stay at a friend's home 친구 집에 머무르다

❑ I could not walk a step further.
나는 한 발짝도 더 이상 걸을 수 없었다.

❑ A beautiful woman was staying at the hotel.
한 아름다운 여성이 그 호텔에 체류하고 있었다.

형 far 멀리	비슷 farther 더 멀리	참고 furthermore 게다가
비슷 remain 남아 있다	비슷 lodge 숙박하다	반대 leave 떠나다

★★★★★ _0429

apply

[əplái]

1. ⓥ 신청하다, 지원하다
2. ⓥ 적용하다, 응용하다

» apply for a job 구직 신청을 하다
» apply a rule 규칙을 적용하다

★★★☆☆ _0430

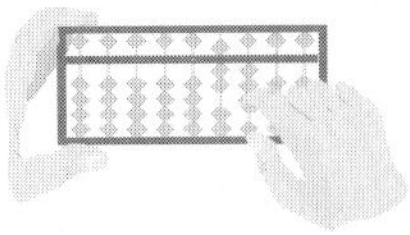

total

[tóutl]

ⓐ 전체의, 총계의

» the total cost 전체 비용
» the total number of passengers 전체 승객수

❑ You'd better apply this to real life.
이것을 실생활에 적용하는 것이 좋다.

❑ How much is the total cost?
전부 다해서 얼마입니까?

명 application 적용	반대 admit 받아들이다	반대 accept 수용하다
부 totally 전부	비슷 whole 전체의	반대 partial 부분의

★★★★★ _0431

conversation

[kɑ̀nvərséiʃən]

ⓝ 회화, 대화

» a topic of conversation 대화의 소재 (화제)
» a first step in English conversation 영어 회화의 첫걸음

★★★☆☆ _0432

officer

[ɔ́(ː)fisər]

ⓝ 장교, 공무원

» a military officer 육군 장교
» a public officer 공무원

❑ Jinwoo is good at English conversation.
진우는 영어 회화를 잘한다.

❑ The police officer was killed in the line of duty.
그 경관은 순직했다.

동 converse 대화하다	비슷 talk 대화	비슷 statement 진술
비슷 official 공무원	참고 soldier 군인	참고 office 사무실

★★★★☆ _0433

security

[sikjúəriti]

ⓝ 안전, 안심

» personal security 개인 안전
» the social security system 사회보장 제도

★★★★★ _0434

represent

[rèprizént]

1. ⓥ 나타내다, 표현하다
2. ⓥ 대표하다

» represent idea by pictures 그림으로 생각을 나타내다
» represent a labor union 노조를 대표하다

❑ We put down a security deposit.
우리는 보증금을 냈다.

❑ Notes represent musical sounds.
음표는 음악적 소리를 나타낸다.

형 secure 안전한	비슷 safety 안전	반대 danger 위험
명 representation 표현	명 representative 대표자	비슷 stand for 대표하다

★★★★★ _0435

prepare

[pripέər]

ⓥ 준비하다, 채비하다

» prepare for the party 파티 준비를 하다
» prepare one's lessons 수업을 준비하다

★★★★☆ _0436

population

[pàpjəléiʃən]

ⓝ 인구

» a population explosion 인구의 폭발적 증가
» a rapid increase in population 인구의 빠른 증가

❑ You must prepare for the entrance test.
너는 입학시험을 준비해야 한다.

❑ The population of Korea is over 40 million.
한국의 인구는 4천만이 넘는다.

명 preparation 준비 | 참고 reserve 비축하다 | 참고 arrange 정리하다
참고 popular 인기 있는 | 참고 citizen 시민 | 참고 census 인구조사

★★★★☆ _0437

mark

[mɑːrk]

1. ⓝ 기호, 점수
2. ⓐ 표시하다, 특징짓다

» receive high marks 높은 점수를 받다
» mark the accent on a word 단어에 액센트를 표시하다

★★★★★ _0438

environment

[inváiərənmənt]

ⓝ 주위, 환경

» the living environment 생활환경
» the pollution of the environment 환경오염

❑ I marked my answer on the paper.
나는 시험지에 답을 표시했다.

❑ She adapts herself to her environment.
그녀는 환경에 잘 적응한다.

비슷 score 점수 | 비슷 sign 기호 | 비슷 check 대조 표시
비슷 surroundings 환경 | 참고 nature 자연 | 참고 pollution 오염

★★★★☆ _0439

income

[ínkʌm]

ⓝ 수입, 소득

» a fixed income 고정적인 수입
» live within one's income 수입에 맞게 생활하다

★★★★☆ _0440

training

[tréiniŋ]

ⓝ 훈련, 훈육

» military training 군사 훈련
» go into training 연습에 들어가다

❑ What is your average income?
당신의 평균 수입은 얼마입니까?

❑ We attended a sales training workshop.
우리는 영업 훈련 워크숍에 참석했다.

비슷 earning 수입	반대 expense 지출	참고 salary 급여
동 train 훈련시키다	명 trainer 조련사	비슷 education 교육

★★★☆☆_0441

left

[left]

1. ⓝ 왼쪽(의)
2. ⓥ leave의 과거 · 과거분사

» write with his left hand 왼손으로 글을 쓰다
» after he left 그가 떠난 후

★★★★☆ _0442

damage

[dǽmidʒ]

1. ⓝ 손해, 피해
2. ⓥ 손해를 입히다, 손상시키다

» damage from a storm 폭풍에 의한 피해
» damage someone's reputation 명성을 손상시키다

❑ Turn to the left quickly.
빨리 왼쪽으로 도십시오.

❑ I'll pay for the damage.
손해를 보상하겠습니다.

비슷 depart 떠나다　반대 right 오른쪽　참고 left-handed 왼손잡이의
비슷 hurt 상처를 주다　비슷 harm 손해　비슷 injury 손상

★★★★☆ _0443

safety

[séifti]

ⓝ 안전

» Safety First 안전제일
» arrive in safety 무사히 도착하다

★★★★☆ _0444

growth

[grouθ]

ⓝ 성장, 발달, 증가

» sales growth 판매 증대
» high growth of economy 경제의 고도 성장

❑ Buckle up for safety.
안전을 위해 벨트를 매세요.

❑ I have seen a lot of growth in this town.
나는 이 마을의 발전을 죽 지켜보았다.

형 safe 안전한	비슷 security 안전	반대 danger 위험
동 grow 자라다	비슷 development 발전	참고 grown-up 어른

★★★★☆ _0445

strike

[straik]

ⓥ 치다, 때리다

» strike a bell 종을 치다
» strike someone down 때려눕히다

★★★★☆ _0446

resource

[ríːsɔːrs]

ⓝ 자원

» natural resources 천연 자원
» develop the resources 자원을 개발하다

❑ Strike iron while it is hot.
쇠는 달구어졌을 때 두드려라.

❑ There are many unused resources in China.
중국에는 개발되지 않은 자원이 많다.

비슷 hit 때리다	비슷 beat 치다	비슷 knock 때리다
참고 source 근원	참고 capital 자본	참고 material 재료

★★★★★ _0447

suffer

[sʌ́fər]

ⓥ (고통을) 겪다, 당하다

» suffer from a headache 두통을 앓다
» suffer big losses 큰 손해를 입다

★★★★★ _0448

treat

[triːt]

1. ⓥ 다루다, 취급하다
2. ⓥ 치료하다

» treat a person kindly 사람을 친절히 대하다
» treat animals badly 동물을 학대하다

❑ I am suffering from sleeplessness.
나는 불면증에 시달리고 있다.

❑ The doctor treated me with a new drug.
그 의사는 신약으로 나를 치료했다.

비슷 undergo 겪다	참고 experience 경험하다	참고 bear 견디다
명 treatment 취급	비슷 handle 다루다	참고 treaty 협정

★★★★☆ _0449

prime

[praim]

ⓐ 제1의, 주요한

» prime minister 국무총리
» the prime factor 주요 요인, 주요 요소

★★★★★ _0450

avoid

[əvɔ́id]

ⓥ 피하다, 회피하다

» avoid a quarrel 싸움을 피하다
» avoid bad company 나쁜 친구를 기피하다

❑ I am in my prime now.
지금 나는 전성기에 있다.

❑ Enjoy the pain when you can't avoid it.
피할 수 없는 고통은 즐겨라.

비슷 principal 주요한	비슷 chief 주요한	비슷 leading 일류의
명 avoidance 회피	비슷 escape 벗어나다	참고 decline 거절하다

★★★☆☆ _0451

nearly

[níərli]

ad. 거의, 하마터면

» nearly every day 거의 매일
» nearly run over by a car 하마터면 차에 치일 뻔하다

★★★★★ _0452

remove

[rimúːv]

ⓥ 제거하다, 치우다

» remove stones from the road 길에서 돌을 치우다
» remove one's shoes 신발을 벗다

❑ She was nearly drowned.
그녀는 하마터면 익사할 뻔했다.

❑ I removed my coat quickly.
나는 재빨리 코트를 벗었다.

형 near 가까운	비슷 almost 거의	반대 entirely 완전히
비슷 clear 치우다	비슷 eliminate 제거하다	비슷 exclude 몰아내다

★★★★☆ _0453

university

[jùːnəvə́ːrsəti]

ⓝ 종합 대학교

» enter the university 대학에 들어가다
» Seoul National University 국립 서울대학교

★★★★☆ _0454

post

[poust]

1. ⓝ 우편
2. ⓝ 기둥

» by post 우편으로
» support a wall with a post 벽을 기둥으로 떠받치다

❏ He majored in economy at Korea University.
그는 고려대에서 경제학을 전공했다.

❏ Can you show me the way to the post office?
우체국이 어느 쪽에 있는지 가르쳐 주시겠어요?

명 universe 우주　형 universal 전체의　참고 college 단과 대학
명 postage 우편 요금　참고 parcel 소포　참고 pole 장대

★★★★★ _0455

judge

[dʒʌdʒ]

1. ⓝ 판사, 심판
2. ⓥ 재판하다, 판단하다

» judge of the High Court 고등법원 판사
» judge the true or the false 참과 거짓을 구분하다

★★★★★ _0456

protect

[prətékt]

ⓥ 보호하다, 지키다

» protected trade 보호 무역
» protect people from disease 사람들을 병으로부터 지키다

❏ The judge sentenced the murderer to death.
판사는 살인자에게 사형을 선고했다.

❏ All animals are protected in this area.
이 지역에서는 모든 동물들이 보호되고 있다.

명 judgment 판단	참고 lawyer 변호사	참고 referee 심판
명 protection 보호	비슷 defend 방어하다	비슷 guard 수비하다

★★★★☆ _0457

exactly

[igzǽktli]

ad. 정확하게, 꼭

» as exactly as I can 될 수 있으면 정확히
» exactly at six o'clock 정각 6시에

★★★★☆ _0458

president

[prézidənt]

ⓝ 대통령, 회장, 사장

» the President of Korea 대한민국 대통령
» president of the Lion's Club 라이온스 클럽 회장

❏ That is exactly the thing I want.
그것은 내가 원하는 바로 그 물건이다.

❏ I believe that the president has told the truth.
나는 대통령이 진실을 말했다고 믿는다.

형 exact 정확한 | 비슷 correctly 정확히 | 비슷 accurately 정확하게
동 preside (회의를) 주재하다 | 참고 chairman 의장 | 참고 representative 대표

★★★★★ _0459

credit

[krédit]

ⓝ 신뢰, 신용

» letter of credit 신용장
» lose one's credit 신용을 잃다

★★★★☆ _0460

track

[træk]

1. ⓝ 지나간 자취, 발자국
2. ⓝ 통로, 선로

» leave one's tracks 발자국을 남기다
» cross a railroad track 선로를 횡단하다

❑ Credit is better than gold.
신용이 황금보다 낫다.

❑ The police are on his track.
경찰은 그를 뒤쫓고 있다.

비슷 trust 신용	비슷 faith 믿음	참고 no credit 외상금지
비슷 trace 자취	비슷 rail 철도 레일	비슷 trail 자국

★★★★☆ _0461

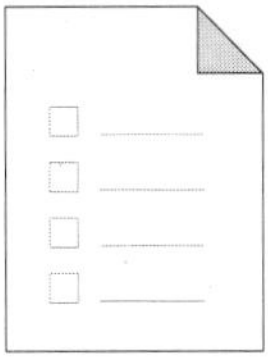

item

[áitəm]

ⓝ 항목, 세목

» items in the list 목록에 있는 항목
» the chief items of export 주요 수출 품목

★★★★☆ _0462

version

[vəːrʒən]

1. ⓝ 번역(물)
2. ⓝ 판본, 판

» the Korean version of the document 그 서류의 한글판
» a film version of a novel 소설의 영화화

❑ Let's handle one item at a time.
한 번에 하나씩 처리하자.

❑ What version of the software do you have?
당신의 소프트웨어는 어떤 버전입니까?

비슷 clause 조항	비슷 article 품목	비슷 detail 세부 사항
비슷 edition 판(版)	비슷 translation 번역	참고 verse 시구

★★★★★ _0463

discover

[diskʌ́vər]

ⓥ 발견하다, 알다

» discover the New World 신세계를 발견하다
» discover a plot 음모를 알아내다

★★★★☆ _0464

surface

[sə́ːrfis]

ⓝ 표면, 외관

» the surface of the earth 지구 표면
» a smooth surface 매끄러운 표면

❑ Vitamin E is discovered by H. Evans and K. Bishop.
비타민 E는 에반스와 비숍에 의해 발견됐다.

❑ He looks only at the surface of men and things.
그는 사람이든 물건이든 외양만을 본다.

명 discovery 발견	비슷 find 발견하다	참고 invent 발명하다
비슷 appearance 겉보기	비슷 face 얼굴	반대 inside 내부

★★★★★ _0465

prevent

[privént]

ⓥ 막다, 예방하다

» prevent flu from spreading 감기가 퍼지는 것을 막다
» prevent an accident 사고를 예방하다

★★★★☆ _0466

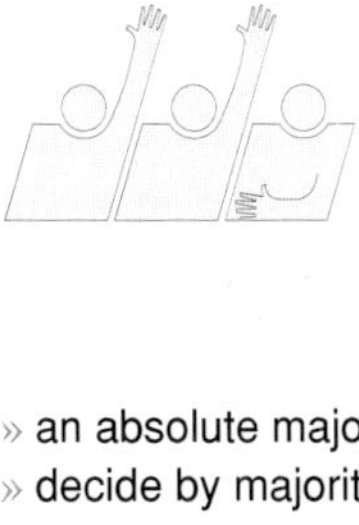

majority

[mədʒɔ́(ː)rəti]

ⓝ 대다수

» an absolute majority 절대 다수
» decide by majority 다수결하다

- [ ] Providing is preventing.
  유비무환.
- [ ] A majority voted against the bill.
  대다수가 그 법안에 반대표를 던졌다.

명 prevention 방지	비슷 defend 지키다	비슷 protect 보호하다
형 major 주요한	반대 minority 소수(파)	참고 mass 다수

★★★★☆ _0467

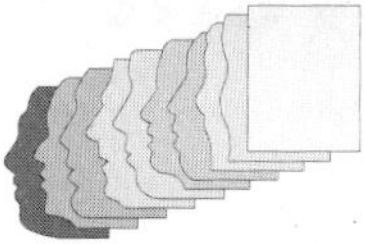

variety

[vəráiəti]

ⓝ 다양성, 각양각색

» for a variety of reasons 여러 가지 이유로
» a life full of variety 변화가 많은 삶

★★★★☆ _0468

sentence

[séntəns]

1. ⓝ 문장, 글
2. ⓥ 판결하다, 선고하다

» a simple sentence 단문
» sentence a person to death 사형을 선고하다

❑ Variety is the spice of life.
변화는 삶의 양념이다.

❑ The court sentenced him to 3 years in prison.
법정은 그에게 징역 3년형을 선고했다.

동 vary 변하다	형 various 다양한	비슷 change 변화
비슷 judgment 판결	참고 clause 절	참고 paragraph 단락

★★★★☆ _0469

apart

[əpá:rt]

ad. 뿔뿔이, 떨어져서

» live apart 별거하다
» keep things apart 물건을 따로 두다

★★★☆☆ _0470

parliament

[pá:rləmənt]

ⓝ 의회

» stand for parliament 국회의원에 입후보하다
» a member of Parliament 하원 의원

❑ He lived apart from his parents.
그는 부모님과 따로 살았다.

❑ He will stand for parliaments next year.
그는 내년에 하원 의원에 입후보할 것이다.

비슷 separately 따로 비슷 individually 개별적으로 참고 apartment 아파트
비슷 senate 의회 비슷 assembly 의회 비슷 congress 의회

★★★★☆ _0471

flat

[flæt]

1. ⓐ 평평한, 평탄한
2. ⓝ 평면, 평지

» a flat tire 바람 빠진 바퀴
» a round and flat face 동글납작한 얼굴

★★★★★ _0472

importance

[impɔ́ːrtəns]

ⓝ 중요성

» a matter of great importance 매우 중요한 일
» a person of importance 중요한 사람

❑ The girl set it on the flat of her hand.
소녀는 그것을 손바닥 위에 올려놓았다.

❑ He was certainly a man of importance in his day.
그는 생전에 중요한 인물이었음에 틀림없다.

비슷 even 평평한 　비슷 plain 평지 　반대 upright 똑바로 선
형 important 중요한 　비슷 significance 중요성 　참고 principal 주요한

★★★★☆ _0473

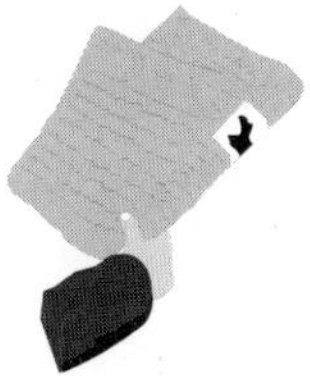

article

[ɑ́:rtikl]

1. ⓝ 기사, 논설
2. ⓝ 물품, 물건

» an editorial article 신문 논설
» domestic articles 가정용품

★★★★☆ _0474

reference

[réfərəns]

1. ⓝ 언급
2. ⓝ 참조, 참고

» a reference book 참고 서적
» make reference to the accident 그 사건에 대해 언급하다

❑ I write a silly article about a politician.
나는 한 정치가에 대해 시시한 기사를 쓴다.

❑ These books are for reference only.
이 책들은 열람만 할 수 있습니다.

비슷 report 기사	비슷 account 기사	비슷 goods 물품
동 refer 참조하다	비슷 mention 언급(하다)	비슷 comment 언급

★★★★★ _0475

communication

[kəmjù:nəkéiʃən]

ⓝ 의사소통, 보도

» mass communications media 매스컴
» keep in communication with 연락을 유지하다

★★★★★ _0476

favor

[féivər]

1. ⓝ 호의, 친절한 행위
2. ⓝ 지지, 찬성

» treat a person with favor 호의적으로 대하다
» talk in favor of the weak 약자편을 들어 말하다

❑ There is no communication between the two places.
그 두 장소 사이에는 연락할 방법이 전혀 없다.

❑ I have a favor to ask of you.
당신에게 부탁이 하나 있습니다.

동 communicate 통신하다 비슷 correspondence 편지왕래 참고 information 정보
명 favorite 마음에 드는 것 형 favorable 호의적인 비슷 support 지지

★★★★☆ _0477

directly

[diréktli]

ad. 직접, 곧장

» do that directly 즉시 그것을 하다
» go directly to the point 직접 본론에 들어가다

★★★★★ _0478

content

[kəntént]

1. ⓐ 만족하는, 만족하여
2. ⓝ 내용물, 목차

» content with a small success 작은 성공에 만족하는
» the contents of a book 책의 내용

❏ You have to call police directly.
너는 경찰에 곧장 전화해야 한다.

❏ What's the content of this package?
이 포장 안의 내용물은 무엇입니까?

형 direct 직접적인	비슷 direction 방향	비슷 straightly 직접
동 contain 포함하다	비슷 satisfactory 만족스러운	참고 container 컨테이너

★★★★☆ _0479

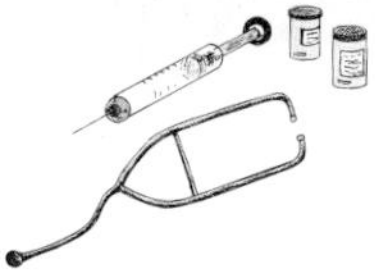

equipment

[ikwípmənt]

ⓝ 장비, 준비

» medical equipment 의료장비
» a wireless equipment 무선장치

★★★★☆ _0480

extra

[ékstrə]

1. ⓐ 여분의, 임시의
2. ⓐ 특별한

» an extra key 여분의 열쇠
» an extra inning game 연장전

❑ What camping equipment will you need?
어떤 캠핑 장비가 필요할 것 같니?

❑ May I have an extra key for my room?
여분의 열쇠 좀 주시겠어요?

동 equip 갖추다	비슷 facility 시설	비슷 preparation 준비
비슷 surplus 여분의	비슷 spare 여분의	비슷 additional 부가적인

★★★☆☆ _0481

slightly

[sláitli]

ad. 약간, 조금

» get slightly colder 조금씩 추워지다
» bleed slightly 피가 조금씩 나다

★★★★☆ _0482

arise

[əráiz]

ⓥ 생겨나다, 일어나다

» arise in one's mind 마음속에 생겨나다
» a wind arises 바람이 일다

❑ I twisted my ankle slightly.
나는 발목을 조금 삐었다.

❑ Accidents arise from carelessness.
사고는 부주의에서 일어난다.

형 slight 사소한	비슷 somewhat 다소	참고 partly 부분적으로
비슷 happen 일어나다	비슷 occur 일어나다	참고 rise 일어나다

★★★☆☆ _0483

ahead

[əhéd]

ad. 앞쪽에, 앞으로

» go ahead 앞으로 전진하다
» ten meters ahead 10미터 전방에

★★★☆☆ _0484

scale

[skeil]

1. ⓝ 규모, 비율
2. ⓝ 저울

» on a large scale 대규모로
» a spring scale 스프링 저울

❑ He walked ahead of me.
그는 나보다 앞서 걸었다.

❑ This is a map on a reduced scale.
이것은 축척 지도이다.

비슷 forward 앞쪽으로 반대 backward 뒤쪽으로 참고 right ahead 바로 앞에
비슷 balance 저울 비슷 proportion 비율 참고 degree 정도

★★★★☆ _0485

local [lóukəl] ⓐ 지방의, 지역의

» local taxes 지방세
» a local assembly man 지방의회 의원

★★★★☆ _0486

rather [rǽðər] *ad.* 오히려, 어느 정도

» a writer rather than a teacher 선생님이라기보다는 오히려 작가
» go to bed rather late at night 꽤 늦게 잠자리에 들다

명 location 위치	동 locate 위치하다	참고 provincial 지방의
비슷 somewhat 어느 정도	비슷 slightly 약간	참고 a little 약간

★★★★☆ _0487

reason [rí:zən]

1. ⓝ 이유
2. ⓝ 이성, 지성

» for certain reason 어떤 이유로
» lose one's reason 이성을 잃다

★★★★☆ _0488

past [pæst] ⓐ 과거의, 지나간

» in past years 지난 몇 년
» during the past week 지난 1주일 동안에

형 reasonable 합리적인	비슷 cause 원인	비슷 motive 동기
비슷 gone 지나간	참고 present 현재의	참고 future 미래의

★★★★☆ _0489

actually [ǽktʃuəli] *ad.* 실제로, 정말로

» as you actually feel 실제로 느낀 대로
» food you can actually cook! 실제로 요리할 수 있는 음식!

★★★★☆ _0490

century [séntʃuri] ⓝ 세기, 백 년

» half a century ago 50년 전
» the later 19th century 19세기 후반

형 actual 실제의	비슷 really 실제로	비슷 in fact 실제로
참고 year 일 년	참고 decade 10년	참고 millennium 천 년

★★★★★ _0491

situation [sìtʃuéiʃən] 1. ⓝ 상황, 상태 2. ⓝ 위치, 장소

» observe the situation 상황을 지켜보다
» a house in a pleasant situation 환경이 쾌적한 곳에 위치한 집

★★★★☆ _0492

method [méθəd] ⓝ 방식, 방법

» a teaching method 교수법
» a simple method 간편한 방법

비슷 location 위치	비슷 state 상태	참고 place 장소
비슷 manner 방식	비슷 way 방법	비슷 means 수단

★★★★★ _0493

modern [mádərn] ⓐ 근대의, 현대식의

» modern times 현대
» a building in modern style 현대식 건물

★★★★☆ _0494

instance [ínstəns] ⓝ 보기, 실례, 예

» for instance 예를 들면
» in this instance 이 경우에

비슷 latest 최신의	비슷 recent 최근의	반대 ancient 고대의
비슷 case 사례	비슷 example 보기	참고 for example 예를 들면

★★★★☆ _0495

addition [ədíʃən] ⓝ 부가, 추가

» in addition to ~에 더하여
» a free addition 덤 (공짜로 추가)

★★★★☆ _0496

affair [əfέər] ⓝ 일, 사건

» love affairs 염문, 연애사건
» manage one's family affairs 집안 일을 처리하다

동 add 추가하다	형 additional 부가적인	참고 appendix 부록
비슷 event 사건	참고 accident 사건	참고 incident 우발적 사건

★★★★★ _0497

opinion [əpínjən] ⓝ 의견, 견해

» public opinion 여론
» in my opinion 내 생각으로는

★★★★☆ _0498

relative [rélətiv]

1. ⓐ 상대적인, 관계 있는
2. ⓝ 친척

» a relative concept 상대 개념
» a near relative 가까운 친척

비슷 view 견해 | 참고 belief 신념 | 참고 conviction 확신
명 relation 관계 | 형 related 관련된 | 반대 absolute 절대적인

★★★★★ _0499

suggest [sədʒést]

1. ⓥ 제의하다, 권하다
2. ⓥ 연상시키다

» suggest a plan 계획을 제안하다
» blue eyes suggest a lake 푸른 눈은 호수를 연상시킨다

★★★★★ _0500

average [ǽvəridʒ]

1. ⓝ 평균, 표준
2. ⓐ 평균의, 보통의

» above the average 평균 이상
» an average man 보통 사람

명 suggestion 암시 | 비슷 propose 제안하다 | 비슷 hint 암시하다
비슷 mean 평균의 | 비슷 ordinary 보통의 | 참고 normal 표준의

Review Test 5

■ 다음 각 단어의 알맞은 뜻을 연결하시오.

1. arise	수입
2. form	사회
3. income	형태
4. range	그러나
5. society	생겨나다
6. however	범위
7. suffer	방법
8. security	기록하다
9. method	고통을 겪다
10. record	안전

» **Answers**

1. 생겨나다 **2**. 형태 **3**. 수입 **4**. 범위 **5**. 사회 **6**. 그러나
7. 고통을 겪다 **8**. 안전 **9**. 방법 **10**. 기록하다

2 다음 빈칸에 알맞은 단어를 보기에서 골라 쓰시오.

instance	bit	rather	suggest
public	deal	further	provide

1. for ________
   예를 들면
2. eat a little ________ at a time
   조금씩 먹다
3. a writer ________ than a teacher
   선생님이라기보다는 오히려 작가
4. ________ a plan
   계획을 제안하다
5. a ________ bath
   대중 목욕탕
6. ________ a hint
   힌트를 주다
7. ________ with the problem
   그 문제를 다루다
8. go ________ away
   더 멀리 가다

» **Answers**

1. instance **2**. bit **3**. rather **4**. suggest **5**. public **6**. provide **7**. deal **8**. further

3 다음 빈칸에 알맞은 단어를 보기에서 골라 쓰시오.

majority	content	situation
extra	favor	actually

1. ________ with a small success
   작은 성공에 만족하는
2. May I have an ________ key for my room?
   여분의 열쇠 좀 주시겠어요?
3. The ________ is getting worse and worse.
   상황이 점점 더 악화되고 있다.
4. A ________ voted against the bill.
   대다수가 그 법안에 반대표를 던졌다.
5. ________ , I don't like to talk about it.
   사실 나는 그것에 대해 말하고 싶지 않다.
6. I have a ________ to ask of you.
   당신에게 부탁이 하나 있습니다.

» **Answers**

1. content **2**. extra **3**. situation **4**. majority **5**. Actually **6**. favor

4 다음 표시된 말의 알맞은 해석을 쓰시오.

1. the surface of the earth
   ____
2. a simple sentence
   ____
3. charge a battery
   ____
4. apply for a job
   ____
5. avoid a quarrel
   ____
6. flat land
   ____
7. prevent flu from spreading
   ____
8. nearly every day
   ____

» **Answers**

1. 표면 **2**. 문장 **3**. 충전하다 **4**. 신청하다 **5**. 피하다 **6**. 평평한 **7**. 막다 **8**. 거의

Chapter 6

빈출단어 200 II

PREVIEW

- ☐ obvious
- ☐ length
- ☐ senior
- ☐ adult
- ☐ wave
- ☐ strength
- ☐ contrast
- ☐ contribution
- ☐ media
- ☐ conduct
- ☐ huge
- ☐ within
- ☐ spot
- ☐ handle
- ☐ regular
- ☐ master
- ☐ settle
- ☐ through
- ☐ powerful
- ☐ select
- ☐ confidence
- ☐ impossible
- ☐ sum
- ☐ between
- ☐ outside
- ☐ relief
- ☐ excellent
- ☐ chemical
- ☐ sheet
- ☐ equally
- ☐ narrow
- ☐ beside
- ☐ bind
- ☐ protest
- ☐ smoke
- ☐ signal
- ☐ slip
- ☐ arrest
- ☐ promote
- ☐ lock
- ☐ burn
- ☐ recommend
- ☐ temperature
- ☐ shock
- ☐ export
- ☐ silence
- ☐ belong
- ☐ among
- ☐ help
- ☐ tiny
- ☐ recall
- ☐ shut
- ☐ justice
- ☐ guard
- ☐ afford
- ☐ urban
- ☐ remind
- ☐ wake
- ☐ prospect
- ☐ rare
- ☐ shot
- ☐ chain
- ☐ inside
- ☐ hard
- ☐ increase
- ☐ against
- ☐ industry
- ☐ fair
- ☐ complex
- ☐ same
- ☐ observe
- ☐ native
- ☐ both
- ☐ repair
- ☐ vegetable
- ☐ consist
- ☐ personal
- ☐ forgive
- ☐ negative
- ☐ distant
- ☐ extreme
- ☐ tradition
- ☐ hang
- ☐ royal
- ☐ practical
- ☐ reality
- ☐ ordinary
- ☐ prefer
- ☐ session
- ☐ fee
- ☐ across
- ☐ particular
- ☐ concern
- ☐ state
- ☐ scarcely
- ☐ another
- ☐ several
- ☐ own
- ☐ such
- ☐ without

★★★★☆ _0501

obvious

[ɑ́bviəs]

ⓐ 명백한, 분명한

» an obvious truth 명백한 진리
» an obvious signboard 눈에 잘 띄는 간판

★★★★☆ _0502

length

[leŋkθ]

ⓝ 길이

» the length of a sentence 문장의 길이
» 10 feet in length 길이 10피트

❑ It is obvious that she loves you.
그녀가 너를 사랑하는 것은 분명하다.

❑ Cut it shoulder-length.
머리를 어깨 길이로 잘라주세요.

비슷 evident 명백한	비슷 clear 분명한	반대 obscure 모호한
형 long 긴	참고 height 높이	참고 depth 깊이

★★★★☆ _0503

senior

[síːjər]

ⓐ 손위의, 상위의

» a senior officer 선임 장교
» a senior man 상급생

★★★★☆ _0504

adult

[ədʌ́lt]

ⓝ 어른, 성인

» an adult movie 성인 영화
» Adults Only 미성년자 사절

❏ He is two years my senior.
그는 나의 2년 선배이다.

❏ How much for an adult?
성인 한 사람에 얼마입니까?

반대 junior 손아래의	참고 major 중요성이 큰	참고 minor 중요성이 적은
비슷 grown-up 성인	반대 child 어린이	참고 youth 청춘

★★★☆☆ _0505

wave

[weiv]

ⓝ 파도, 물결

» gentle waves 잔잔한 물결
» the sound of the waves 파도 소리

★★★★☆ _0506

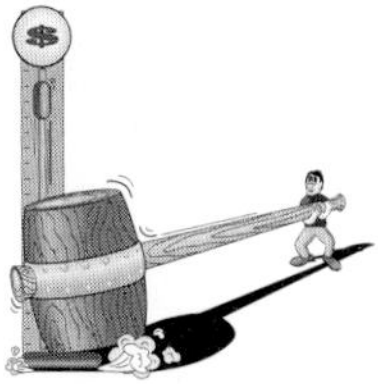

strength

[streŋkθ]

ⓝ 힘, 장점

» the strength of a nation 나라의 힘
» strength and weakness 장점과 단점

❑ The wave crashed on the rocks.
파도가 요란한 소리를 내며 바위에 부딪혔다.

❑ Honesty is his strength.
정직은 그의 장점이다.

비슷 surf 밀려오는 파도　참고 ocean 큰 바다　참고 marine 바다의
형 strong 강한　비슷 power 힘　비슷 force 힘

★★★★☆ _0507

contrast

[kάntræst]

1. ⓝ 대조, 대비
2. ⓥ 대비시키다

» a sharp contrast 뚜렷한 대조
» the contrast between light and shade 빛과 그늘의 대비

★★★★☆ _0508

contribution

[kὰntrəbjú:ʃən]

ⓝ 기부(금), 공헌

» collect contributions 기부금을 모으다
» make a contribution to medicine 의학에 공헌하다

❏ The black walls are a contrast to the white curtains.
검정 벽은 흰 커튼과 대비를 이룬다.

❏ He made a great contribution to the company.
그는 회사에 많은 기여를 하였다.

형 contrary 정반대의	비슷 comparison 비교	참고 difference 차이
동 contribute 기부하다	비슷 donation 기부금	참고 contributor 기부자

★★★☆☆ _0509

media

[míːdiə]

ⓝ 매체, 매개물

» mass media 대중매체
» the medium of sound 소리의 매개체

★★★★☆ _0510

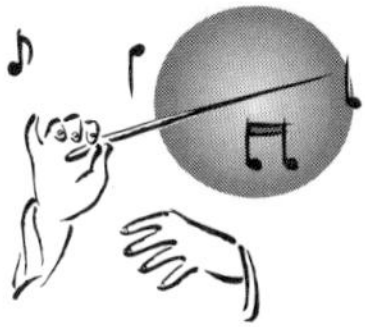

conduct

[kándʌkt]

1. ⓝ 행위, 행동
2. ⓥ 행동하다, 지휘하다

» a student of good conduct 행실이 바른 학생
» conduct a business 업무를 수행하다

❏ I'm tired of all this media hype about her.
나는 그녀에 대한 이 모든 과장 보도에 신물난다.

❏ She conducted herself nobly.
그녀는 품위있게 처신했다.

참고 medium(media의 단수형) 참고 agent 중개자 참고 mean 수단
비슷 behave 행동하다 참고 conductor 지휘자 비슷 act 실행하다

★★★★☆ _0511

huge

[hjuːdʒ]

ⓐ 거대한, 막대한

» a huge satisfaction 큰 만족
» a huge sum of money 막대한 금액

★★★★☆ _0512

within

[wiðín]

prep. ~이내의, ~의 범위 내에서

» within a week 1주일 이내에
» stay within doors 집안에 있다

❑ The road is blocked by a huge rock.
그 길은 커다란 바위에 의해 막혀 있다.

❑ It's within walking distance.
걸어갈 수 있는 거리입니다.

부 hugely 거대하게	비슷 enormous 상당히 큰	비슷 vast 거대한
비슷 inside 내부에	참고 before ~전에	참고 after ~이후에

★★★☆☆ _0513

spot
[spɑt]

1. ⓝ 장소, 곳
2. ⓝ 반점, 얼룩

» a beauty spot 경치 좋은 곳
» a spot in the sun 태양 반점

★★★★☆ _0514

handle
[hǽndl]

1. ⓝ 손잡이, 핸들
2. ⓥ 조정하다, 다루다

» turn a handle 핸들을 돌리다
» handle a horse roughly 말을 거칠게 다루다

❑ We are building our house in a beautiful spot.
우리는 전망 좋은 곳에 우리 집을 짓고 있다.

❑ Do you think you can handle this problem?
당신이 이 문제를 처리할 수 있을 것 같아요?

비슷 place 장소	비슷 stain 얼룩	참고 position 위치
비슷 control 통제하다	비슷 treat 다루다	참고 wheel 차 운전대

★★★★★ _0515

regular

[régjələr]

1. ⓐ 정규의, 정식의
2. ⓐ 규칙적인

» regular habits 규칙적인 습관
» finish the regular course 정규 과정을 수료하다

★★★☆☆ _0516

master

[mǽstər]

1. ⓝ 주인, 고용주
2. ⓝ 거장, 대가

» master and servant 주인과 하인
» a master of piano 피아노의 거장

❑ We have a regular exam four times in a year.
우리는 1년에 4번의 정기 시험을 치른다.

❑ No man is his craft's master the first day.
처음부터 대가(大家)는 없다.

부 regularly 규칙적으로 비슷 formal 공식적인 반대 irregular 불규칙한
비슷 expert 전문가 반대 beginner 초보자 참고 amateur 아마추어

★★★★☆ _0517

settle

[sétl]

1. ⓥ 놓다, 자리잡게 하다
2. ⓥ 해결하다, 결정하다

» settle into a new house 새 집으로 이주하다
» settle difficulties 곤란을 해결하다

★★★★☆ _0518

through

[θruː]

1. *prep.* ~을 통하여
2. *prep.* 줄곧, 내내

» see through glass 유리를 통하여 보다
» through the night 밤새도록

❑ A bird settled on the window.
새 한 마리가 창에 앉았다.

❑ We'd better go through the underpass.
지하도를 통과하는 것이 낫겠다.

명 settlement 정착 참고 place 배치하다 참고 locate 위치를 정하다
부 thoroughly 완전히 참고 across ~을 가로질러 참고 during ~ 중에

★★★☆☆ _0519

powerful

[páuərfəl]

ⓐ 강력한, 세력이 있는

» a powerful leader 유력한 지도자
» a powerful drug 잘 듣는 약

★★★★☆ _0520

select

[silékt]

ⓥ 고르다, 선택하다

» select by vote 투표로 뽑다
» select a book for a child 아이에게 책을 골라주다

❏ He has a powerful supporter.
그에게는 강력한 후원자가 있다.

❏ You should select the size of the paper.
용지 크기를 선택해야 한다.

명 power 힘	비슷 strong 강한	반대 helpless 무력한
명 selection 선택	비슷 choose 선택하다	참고 elect 선출하다

★★★★☆ _0521

confidence

[kɑ́nfidəns]

1. ⓝ 신임, 신뢰
2. ⓝ 자신, 확신

» gain the confidence 신임을 얻다
» speak with confidence 자신감을 가지고 말하다

★★★★☆ _0522

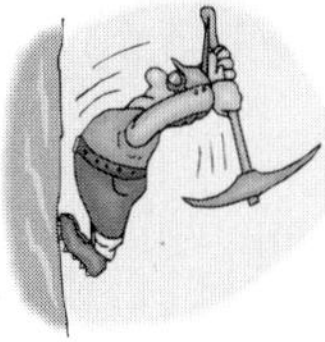

impossible

[impɑ́səbəl]

ⓐ 불가능한

» an impossible task 불가능한 일
» almost impossible 거의 불가능한

❑ I have confidence in you.
나는 너를 믿는다.

❑ It is impossible for me to see you this evening.
오늘 저녁 너를 만나기가 불가능하다.

형 confident 자신 있는	비슷 belief 신념	비슷 faith 믿음
반대 possible 가능한	참고 probable 있음직한	참고 fantastic 공상적인

★★★☆☆ _0523

sum

[sʌm]

ⓝ 총계, 합계

» figure out sum 합계를 내다
» the sum of 3 and 4 3과 4의 합

★★★★☆ _0524

between

[bitwíːn]

prep. ~의 사이에

» a secret between two 둘 사이의 비밀
» the difference between good and bad 선과 악의 차이

❑ The sum of two and three is five.
2와 3의 합은 5이다.

❑ I sat between Susan and Laura.
나는 수전과 로라 사이에 앉았다.

비슷 total 총액 비슷 amount 액수 참고 count 계산하다
비슷 among ~ 중에 참고 by 옆에 참고 beside 옆에

★★★☆☆ _0525

outside

[àutsáid]

1. ⓝ 바깥, 외부
2. *prep.* ~의 밖에

» the outside world 바깥 세상
» a noise outside the house 집밖에서 나는 소음

★★★★☆ _0526

relief

[rilí:f]

1. ⓝ (고통의) 경감
2. ⓝ 구조, 구원

» tax relief 세금 경감
» the relief of the poor 빈민의 구제

❏ How do I make an outside call?
외부로 전화하려면 어떻게 해야 합니까?

❏ Every one gave a sigh of relief.
모두들 안도의 한숨을 쉬었다.

비슷 exterior 밖의	비슷 external 외부의	반대 inside ~의 안에
동 relieve 경감시키다	비슷 ease 안심	참고 rescue 구출

★★★★☆ _0527

excellent

[éksələnt]

ⓐ 우수한, 탁월한

» an excellent cook 탁월한 요리사
» excellent in English 영어실력이 탁월한

★★★☆☆ _0528

chemical

[kémikəl]

ⓐ 화학의

» the chemical industry 화학 공업
» chemical weapons 화학 무기

❑ She is an excellent scholar.
그녀는 탁월한 학자이다.

❑ It caused a chemical reaction.
그것은 화학 반응을 일으켰다.

동 excel 더 우수하다	비슷 superior 우수한	참고 outstanding 걸출한
명 chemistry 화학	부 chemically 화학적으로	참고 physical 물리적인

★★★☆☆ _0529

sheet

[ʃiːt]

1. ⓝ 시트, 홑이불
2. ⓝ (종이) 한 장

» blank sheet 백지
» two sheets of paper 종이 두 장

★★★★☆ _0530

equally

[íːkwəli]

ad. 평등하게, 똑같게

» shine equally 똑같이 비추다
» distribute the gifts equally 선물을 똑같이 나눠주다

❑ The teacher handed out the answer sheets.
선생님은 답안지를 나누어 주셨다.

❑ All jobs are equally honorable.
직업에는 귀천이 없다.

참고 blanket 담요 참고 cloth 헝겊 참고 texture 직물
형 equal 평등한 참고 similar 유사한 참고 same 같은

★★★★☆ _0531

narrow

[nǽrou]

1. ⓐ 좁은
2. ⓐ 간신히, 겨우

» a narrow yard 좁은 마당
» a narrow victory 가까스로 얻은 승리

★★★☆☆ _0532

beside

[bisáid]

prep. ~의 곁에

» beside the river 강가에
» a ditch beside the road 길가의 도랑

❑ The streets in this village is very narrow.
이 마을의 도로는 아주 좁다.

❑ The girl sat beside me.
그 소녀는 내 곁에 앉았다.

비슷 barely 겨우	반대 broad 넓은	반대 wide 넓은
비슷 by ~의 옆에	참고 inside ~ 안에	참고 side 옆

★★★★☆ _0533

bind

[baind]

ⓥ 묶다, 속박하다

» bind a prisoner to a tree 포로를 나무에 묶다
» bind a person in irons 수갑을 채우다

★★★★★ _0534

protest

[prətést]

1. ⓥ 주장하다, 단언하다
2. ⓥ 항의하다, 이의를 제기하다

» protest innocence 결백함을 주장하다
» protest low wages 저임금에 항의하다

❑ Many straws may bind an elephant.
짚이 많으면 코끼리도 묶을 수 있다.

❑ The player protested to the referee.
그 선수는 심판에게 항의했다.

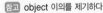

명 binding 제본	비슷 tie 묶다	참고 bundle 묶음
비슷 affirm 단언하다	참고 oppose 반대하다	참고 object 이의를 제기하다

★★★★☆ _0535

smoke

[smouk]

1. ⓝ 연기
2. ⓥ 연기를 내다, 담배를 피우다

» the smoke of a volcano 화산 연기
» smoke a cigarette 담배를 피우다

★★★★☆ _0536

signal

[sígnl]

ⓝ 신호, 경보

» a traffic signal 교통 신호
» an emergency signal 구조 신호

❑ Would you mind if I smoke?
담배를 피워도 될까요?

❑ Turn right at the signal.
신호등에서 우회전하세요.

명 smoking 흡연	비슷 fume 연기	참고 fog 안개
동 signalize 신호하다	비슷 sign 신호	참고 code 암호

★★★★☆ _0537

slip

[slip]

ⓥ 미끄러지다

» slip and fall 미끄러져 넘어지다
» slip on a banana peel 바나나 껍질에 미끄러지다

★★★★☆ _0538

arrest

[ərést]

ⓥ 체포하다, 검거하다

» arrest a thief 도둑을 검거하다
» arrest a person for murder 살인죄로 체포하다

❑ I slipped and fall down the stairs.
나는 미끄러져서 계단 아래로 넘어졌다.

❑ They were arrested for violating election law.
그들은 선거법 위반으로 체포되었다.

비슷 slide 미끄러지다	비슷 glide 활강하다	참고 slipper 실내화
비슷 capture 체포하다	참고 catch 붙잡다	참고 seize 붙잡다

★★★★★ _0539

promote

[prəmóut]

1. ⓥ 촉진하다, 장려하다
2. ⓥ 승진시키다

» promote foreign trade 무역을 촉진하다
» promote a person to a high position
높은 지위로 승진시키다

★★★★☆ _0540

lock

[lɑk]

1. ⓥ 잠그다
2. ⓝ 자물쇠

» lock the door 문을 잠그다
» lock and key 자물쇠와 열쇠

❑ I hope to be promoted in the near future.
가까운 장래에 승진되기를 바란다.

❑ I locked myself out.
나는 열쇠를 안에 두고 나왔다.

명 promotion 촉진	비슷 stimulate 자극하다	비슷 encourage 격려하다
비슷 fasten 잠그다	반대 unlock 열다	반대 key 열쇠

★★★★☆ _0541

burn

[bəːrn]

ⓥ 불타다, 태우다

» burn well 잘 타다
» burn with passion 정열에 불타다

★★★★☆ _0542

recommend

[rèkəménd]

ⓥ 추천하다, 권하다

» recommend the book 그 책을 추천하다
» recommend a person as a teacher 교사로 추천하다

❏ I burned my hand cooking.
나는 요리를 하다가 손을 데었다.

❏ I recommend the spaghetti in tomato sauce.
토마토 소스를 넣은 스파게티를 추천합니다.

명 burner 버너	참고 flame 타오르다	참고 fire 불
명 recommendation 추천	참고 advise 충고하다	참고 propose 제의하다

★★★★☆ _0543

temperature

[témpərətʃər]

ⓝ 온도, 기온

» absolute temperature 절대 온도
» a change of temperature 기온의 변화

★★★☆☆ _0544

shock

[ʃɑk]

ⓝ 충격, 쇼크

» the shock of an earthquake 지진의 충격
» get a severe shock 심한 충격을 받다

❏ The temperature has dropped last night.
지난밤 기온이 떨어졌다.

❏ The accident had him in shock for months.
그 사고는 그를 몇 달 동안 충격에 빠뜨렸다.

참고 temperate 온화한 | 참고 degree 도(度) | 참고 fever 열
형 shocking 깜짝 놀라게 하는 | 참고 influence 영향 | 참고 impact 충돌

★★★★☆ _0545

export

[ikspɔ́:rt]

ⓝ 수출

» an export item 수출품목
» balance of imports and exports 수출입의 균형

★★★★☆ _0546

silence

[sáiləns]

ⓝ 침묵

» keep silence 침묵을 지키다
» the virtues of silence 침묵의 미덕

❑ The prospect of this year's export is bright.
올해 수출 전망은 밝다.

❑ Speech is silver, silence is golden.
웅변은 은이고 침묵은 금이다.

반대 import 수입 | 참고 trade 통상 | 참고 commerce 상업
형 silent 조용한 | 부 silently 조용히 | 비슷 calm 고요

★★★★☆ _0547

belong

[bilɔ́(ː)ŋ]

ⓥ 속하다, 소유물이다

» belong to the club 그 클럽의 회원이다
» belong to a party 당에 소속하다

★★★☆☆ _0548

among

[əmʌ́ŋ]

prep. ~ 사이에

» among the crowd 군중 속에
» a house among the trees 나무에 둘러싸인 집

❑ This house belongs to my father.
이 집은 아버지의 소유이다.

❑ Jimmy lives among the poor.
지미는 가난한 사람들 속에서 살고 있다.

명 belonging 소유물	참고 own 소유하다	참고 possess 소유하다
비슷 amongst ~ 사이에	비슷 amid 한가운데에	참고 between (둘) 사이에

★★★★☆ _0549

help

[help]

1. ⓥ 돕다, 원조하다
2. ⓝ 도움

» help a person in trouble 곤경에 처한 사람을 돕다
» cry for help 도움을 요청하다

★★★★☆ _0550

tiny

[táini]

ⓐ 작은, 아주 작은

» a tiny little boy 자그마한 소년
» live in a tiny house 조그마한 집에 살다

❑ One should help bargaining and stop quarrels.
흥정은 붙이고 싸움은 말려야 한다.

❑ The girl gave me a tiny flower.
소녀는 나에게 아주 작은 꽃을 주었다.

명 helper 돕는 사람	비슷 aid 돕다	비슷 assist 돕다
비슷 little 작은	비슷 small 소형의	반대 large 커다란

★★★★☆ _0551

recall

[rikɔ́:l]

1. ⓥ 상기하다, 기억하다
2. ⓥ 소환하다, 회수하다

» recall the past 과거를 회상하다
» recall an ambassador 대사를 소환하다

★★★★☆ _0552

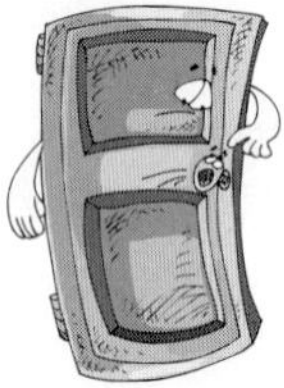

shut

[ʃʌt]

ⓥ (문을) 닫다, 잠그다

» shut the window 창문을 닫다
» shut up the store 가게 문을 닫다

❑ As I recall, you still owe me 300 dollars.
내 기억으로 넌 아직 나에게 300달러를 빚지고 있어.

❑ It's very cold outside. Please shut the window.
바깥이 무척 추워요. 창문 좀 닫아 주세요.

비슷 remember 생각해내다	비슷 recollect 상기하다	반대 forget 잊다
비슷 close 닫다	반대 open 열다	참고 lock 잠그다

★★★★☆ _0553

justice

[dʒʌ́stis]

ⓝ 정의, 공정

» a man of justice 정의의 사나이
» the Minister of justice 법무장관

★★★★☆ _0554

guard

[gɑːrd]

1. ⓥ 지키다, 감시하다
2. ⓝ 경계, 경호인

» guard the sheep 양을 지키다
» guard prisoners 죄수를 감시하다

❑ Justice has a long arm.
정의는 긴 팔을 가지고 있다. (사필귀정)

❑ There were guards around the President.
대통령의 주위에는 경비원들이 배치되어 있었다.

형 just 올바른	동 justify 정당화하다	비슷 right 정의
비슷 defend 방어하다	비슷 protect 보호하다	참고 bodyguard 경호원

★★★★★ _0555

afford

[əfɔ́ːrd]

ⓥ ~할 여유가 있다

» cannot afford to buy a car 차를 살 여유가 없다
» cannot afford to wait 기다릴 여유가 없다

★★★★☆ _0556

urban

[ə́ːrbən]

ⓐ 도시의

» urban life 도회지 생활
» urban population 도시 인구

❑ I cannot afford to buy a new house.
나는 새 집을 살 여력이 없다.

❑ There is an urban poverty problem in our society.
우리 사회에는 도시 빈민의 문제가 있다.

반대 lack 결핍되다	참고 sufficient 충분한	참고 enough 충분한
반대 rural 시골의	참고 city 도시	참고 downtown 도심지

★★★★★ _0557

remind

[rimáind]

ⓥ 생각나게 하다, 상기시키다

» remind me of the past 나에게 과거를 생각나게 하다
» remind me to call her 그녀에게 전화하도록 일깨워주다

★★★★☆ _0558

wake

[weik]

ⓥ 일어나다, 잠을 깨우다

» wake up early 일찍 일어나다
» be waked by a strange noise 이상한 소리에 잠을 깨다

❑ Please remind me to post this letter.
이 편지를 보내라고 상기 좀 시켜 주세요.

❑ What time shall I wake you up?
몇 시에 깨워 드릴까요?

비슷 recollect 회상하다	참고 reflect 반성하다	참고 think 생각하다
비슷 awaken 깨우다	비슷 awake 잠을 깨다	반대 sleep 잠들다

★★★★☆ _0559

prospect

[práspekt]

1. ⓝ 전망, 경치
2. ⓝ 예상

» the prospects for the future 장래의 전망
» a business with good prospects 전망이 좋은 사업

★★★★☆ _0560

rare

[rεər]

ⓐ 드문, 희귀한

» a rare book 희귀한 책
» a rare beauty 보기 드문 미인

❑ Frankly speaking, the prospect isn't bright.
솔직히 말하면, 전망이 밝지 않습니다.

❑ The museum is full of rare and precious treasures.
이 박물관은 희귀하고 값진 보물로 가득하다.

비슷 view 조망	비슷 outlook 전망	비슷 forecast 예상
부 rarely 드물게	비슷 unusual 보기 드문	반대 ordinary 일상의

★★★☆☆ _0561

shot

[ʃat]

1. ⓝ 발사
2. ⓝ 총알

» fire a shot 총을 한 방 쏘다
» a hundred shots and a hundred hits 백발백중

★★★☆☆ _0562

chain

[tʃein]

ⓝ 쇠사슬, 연쇄

» a prisoner in chains 사슬에 묶여 있는 죄수
» a gold watch on a silver chain 은줄이 달린 금시계

❑ The bear was killed with one shot.
곰은 총 한 방을 맞고 죽었다.

❑ Don't worry, the dog's on a chain.
걱정 말아요, 이 개는 사슬에 묶여 있어요.

동 shoot 쏘다	비슷 shooting 사격	비슷 bullet 총탄
비슷 link 고리	비슷 series 연속	참고 connection 연결

★★★★☆ _0563

inside

[insáid]

1. ⓝ 안쪽, 내부
2. ⓐ 내부의, 비밀의

» the inside of the train 기차의 내부
» inside information 내부 정보

★★★★☆ _0564

hard

[hɑːrd]

1. ⓐ 단단한, 힘든
2. *ad.* 열심히, 힘껏

» a hard work 힘든 일
» work hard 열심히 일하다, 열심히 공부하다

❑ What's inside the big box?
저 큰 상자에 무엇이 들어 있나요?

❑ My father told me to work hard.
아버지는 내게 열심히 공부하라고 말씀하셨다.

비슷 internal 내부의　반대 outside 바깥　참고 instead 그 대신에
부 hardly 거의 ~않다　비슷 firm 단단한　반대 soft 부드러운

★★★★★ _0565

increase

[inkríːs]

1. ⓥ 늘다, 증가하다
2. ⓝ 증가

» increase in quantity 수량이 늘다
» rapid increase of the population 인구의 급증

★★★★☆ _0566

against

[əgénst]

1. *prep.* ~에 반대하여
2. *prep.* ~에 기대어

» against his advice 그의 충고를 무시하고
» lean against the door 문에 기대다

❑ Prices are on the steady increase.
물가가 꾸준히 상승하고 있다.

❑ Mary did not say a word against me.
메리는 나에게 불리한 말은 한 마디도 하지 않았다.

비슷 grow 증가하다	비슷 rise 증가하다	반대 decrease 감소하다
반대 for ~에 찬성하여	참고 again 다시	참고 oppose 반대하다

★★★★☆ _0567

industry

[índəstri]

1. ⓝ 산업, 공업
2. ⓝ 근면, 노력

» the tourist industry 관광 산업
» the development of industry 공업의 발달

★★★★☆ _0568

fair

[fɛər]

1. ⓐ 공정한, 공평한
2. ⓝ 박람회, 전시회

» a fair decision 공정한 결정
» an international trade fair 국제무역박람회

❑ Industry is the basis of the development of Korea.
공업은 한국 발전의 토대이다.

❑ His judgment is not fair.
그의 판단은 공평하지 않다.

형 industrial 산업의	형 industrious 근면한	참고 business 사업
부 fairly 공평히, 꽤	비슷 just 공정한	참고 pair 한 쌍

★★★★☆ _0569

complex

[kάmpleks]

ⓐ 복잡한, 복합의

» a complex accident 복잡한 사건
» a complex system 복합 시스템

★★★★☆ _0570

same

[seim]

ⓐ 같은, 동일한

» the same age 같은 나이
» books of the same size 같은 크기의 책

❏ This is a very complex problem.
이것은 매우 복잡한 문제이다.

❏ I am the same age as you.
우리는 동갑이군요.

비슷 complicated 복잡한 비슷 compound 복합의 반대 simple 단순한
비슷 equal 같은 비슷 identical 동일한 반대 different 다른

★★★★★ _0571

observe

[əbzə́:rv]

1. ⓥ 관찰하다, 주시하다
2. ⓥ 지키다, 준수하다

» observe the situation 상황을 지켜보다
» observe public morals 공중도덕을 지키다

★★★★☆ _0572

native

[néitiv]

1. ⓐ 출생지의, 본래의
2. ⓝ 원주민, 토착인

» a native speaker of English 영어가 모국어인 사람
» speak French like a native 원어민처럼 불어를 말하다

❏ He observed the habits of butterfly.
그는 나비의 습성에 대해 관찰했다.

❏ He is a native of Kyeongsang-do.
그는 경상도 출신이다.

명 observation 관찰 명 observer 관찰자 비슷 watch 지켜보다
비슷 original 본래의 비슷 born 타고난 반대 foreign 외국의

★★★☆☆ _0573

both

[bouθ]

ⓐ 양쪽의, 쌍방의

» both his parents 그의 양친 모두
» teach in both schools 두 학교에서 가르치다

★★★★☆ _0574

repair

[ripέər]

ⓥ 수리하다, 고치다

» repair a house 집을 고치다
» an auto repair shop 자동차 정비 공장

❑ Both the boys passed the examination.
그 소년들은 둘 다 시험에 합격했다.

❑ The railway line is kept in good repair.
기차 선로가 잘 정비되어 있다.

반대 neither 어느 쪽도 ~이 아닌	참고 either 둘 중 하나	참고 boss 상사
비슷 mend 고치다	비슷 remedy 치료하다	비슷 heal 고치다

★★★★☆ _0575

vegetable

[védʒətəbəl]

ⓝ 야채, 나물

» fresh vegetables 신선한 야채
» grow vegetables 나물을 가꾸다

★★★★★ _0576

consist

[kənsíst]

ⓥ 구성되다, 이루어지다

» consist of ~로 구성되다 (= be made of)
» a class consists of fifty students
학급이 50명으로 편성되다

☐ I prefer a vegetable diet to animal food.
나는 육식보다 채식을 좋아한다.

☐ Water consists of hydrogen and oxygen.
물은 수소와 산소로 구성되어 있다.

참고 plant 식물 반대 meat 고기 반대 flesh 살, 고기
비슷 organize 구성하다 비슷 constitute 구성하다 비슷 form 이루다

★★★★☆ _0577

personal

[pə́ːrsənəl]

ⓐ 개인의, 자신의

» a personal car 자가용차
» my personal opinion 나의 개인적 의견

★★★★★ _0578

forgive

[fərgív]

ⓥ 용서하다

» forgive and forget 깨끗이 잊어버리다
» forgive a person for his fault 아무개의 허물을 용서하다

❑ I have no personal relations with him.
개인적으로는 그분과 관계가 없다.

❑ I will forgive you for this once.
이번 한번만 용서하겠다.

명 person 사람	명 personality 개성	비슷 individual 개인적인
비슷 pardon 용서하다	비슷 excuse 용서하다	반대 punish 벌하다

★★★★☆ _0579

negative

[négətiv]

ⓐ 부정적인, 소극적인

» a negative attitude 소극적 태도

» a negative reply to the question
그 질문에 대한 부정적인 대답

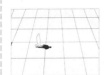

★★★★☆ _0580

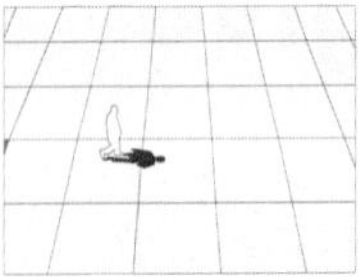

distant

[dístənt]

ⓐ 먼, 멀리 있는

» a distant relative 먼 친척

» a lonely island in the distant sea 먼 바다에 있는 외로운 섬

❑ He took a negative attitude to the plan.
그는 그 계획에 부정적인 태도를 취했다.

❑ The town is three hours distant from Seoul.
그곳은 서울에서 3시간 걸린다.

비슷 passive 수동적인　반대 positive 긍정적인　참고 deny 부인하다

명 distance 거리　비슷 far 먼　반대 close 가까운

★★★★☆ _0581

extreme

[ikstríːm]

ⓐ 극단적인, 극심한

» an extreme case 극단의 예
» the extreme right wing 극우파

★★★★☆ _0582

tradition

[trədíʃən]

ⓝ 전통, 전설

» follow tradition 전통을 따르다
» a school of 50 years' tradition 50년 전통의 학교

❑ Extreme praise is sometimes embarrassing.
지나친 칭찬은 거북한 법이다.

❑ We have to develop good cultural traditions.
우리는 좋은 문화적 전통을 발전시켜야 한다.

부 extremely 극단적으로	비슷 excessive 과도한	반대 moderate 온건한
형 traditional 전통적인	비슷 legend 전설	참고 custom 관습

★★★★★ _0583

hang

[hæŋ]

1. ⓥ 걸다, 매달다
2. ⓥ 교수형에 처하다, 목을 매달다

» hang a map on the wall 벽에다 지도를 걸다
» hang oneself on a tree 나무에 목을 매다

★★★☆☆ _0584

royal

[rɔ́iəl]

ⓐ 왕의, 왕실의

» a royal family 왕가, 왕실
» the Sweden royal library 스웨덴 왕립 도서관

❏ They hanged an innocent man.
그들은 결백한 사람을 목매달았다.

❏ There is no royal road to learning English.
영어 공부에는 왕도가 없다.

비슷 suspend 매달다 | 비슷 execute 처형하다 | 반대 lower 내리다
명 royalty 저작 사용료 | 참고 king 왕 | 참고 emperor 황제

★★★★☆ _0585

practical [prǽktikəl] ⓐ 실제의, 실용적인

» a practical solution 현실적인 해결안
» learn practical English 실용영어를 배우다

★★★★☆ _0586

reality [riǽləti] ⓝ 진실, 현실

» the reality of national economy 국가 경제의 현실
» escape from reality 현실에서 도피하다

명 practice 실행	부 practically 실제로	비슷 actual 현실의
형 real 정말의	부 really 사실	동 realize 현실화하다

★★★★★ _0587

ordinary [ɔ́:rdənèri] ⓐ 평상의, 평범한

» an ordinary man 평범한 사람
» work hard on ordinary days 평일에 열심히 일하다

★★★★★ _0588

prefer [prifə́:r] ⓥ 선호하다, 더 좋아하다

» prefer beer above all 무엇보다도 맥주를 좋아하다
» prefer English to math 수학보다 영어를 좋아하다

비슷 common 평범한	반대 special 특별한	반대 extraordinary 비상한
명 preference 선호	비슷 like 좋아하다	비슷 be fond of 좋아하다

★★★☆☆ _0589

session [séʃən]

1. ⓝ 회의, 회기
2. ⓝ (대학의) 학기

» go into session 개회하다
» the summer session 여름 학기

★★★★☆ _0590

fee [fiː] ⓝ 보수, 요금

» an admission fee 입장료
» a school fee 학비

비슷 convention 총회 | 비슷 term 학기 | 비슷 semester 학기
비슷 commission 수수료 | 비슷 charge 요금 | 참고 pay 급료

★★★★☆ _0591

across [əkrɔ́ːs] *ad. prep.* 가로질러, 맞은편에

» a house across the road 길 건너편 집
» build a bridge across a river 강에 다리를 놓다

★★★★☆ _0592

particular [pərtíkjələr] ⓐ 특별한

» a particular person 특이한 사람
» study in his own particular way 특이한 방법으로 공부하다

비슷 opposite 맞은편의 | 참고 contrary 반대의 | 참고 cross 십자가
부 particularly 특히 | 비슷 special 특별한 | 반대 general 일반적인

★★★★★ _0593

concern [kənsə́:rn]

1. ⓝ 관심, 걱정, 근심
2. ⓥ 관여하다, 염려하다

» an object of public concern 대중적 관심의 대상
» To whom it may concern 관계자에게

★★★★☆ _0594

state [steit]

1. ⓝ 상태, 형편
2. ⓝ 국가, 정부

» a solid state 고체 상태
» manage the affairs of state 나랏일을 맡아보다

비슷 relate 관계하다 비슷 care 염려 참고 worry 걱정하다
비슷 condition 상태 비슷 situation 상황 비슷 country 국가

★★★★☆ _0595

scarcely [skɛ́ərsli]

1. *ad.* 거의 ~ 않다
2. *ad.* 간신히, 가까스로

» scarcely recognize his family 가족을 거의 몰라보다
» scarcely thirty people 가까스로 30명

★★★☆☆ _0596

another [ənʌ́ðər]

1. ⓐ 또 하나의
2. ⓐ 다른

» another cup of coffee 또 한 잔의 커피
» another question 별개의 문제

형 scarce 부족한 비슷 hardly 거의 ~ 않다 비슷 seldom 좀처럼 ~ 않다
비슷 one more 또 하나의 비슷 other 다른 비슷 different 다른

★★★★☆ _0597

several [sévərəl] ⓐ 몇몇의

» several countries 몇몇 나라
» several days later 며칠 후에

★★★★☆ _0598

own [oun] 1. ⓐ 자기 자신의, 고유한 2. ⓥ 소유하다

» my own idea 나의 고유한 아이디어
» lead one's own life 각자 고유한 삶을 영위하다

비슷 some 약간의	비슷 a few 몇몇의	반대 many 많은
명 owner 소유자	참고 personal 개인의	참고 private 개인적인

★★★☆☆ _0599

such [sʌtʃ] ⓐ 그러한, 그 정도로

» for such reasons 이런 이유로
» such a big money 이렇게 많은 돈

★★★★☆ _0600

without [wiðáut] *prep.* ~없이, ~하지 않고

» without a moment's delay 지체없이
» work without pay 무보수로 일하다

비슷 so 그렇게	참고 so much 그렇게	참고 like that 그렇게
비슷 lacking ~이 없이	반대 with ~을 가지고	참고 within ~의 범위 안에서

Review Test 6

1 다음 각 단어의 알맞은 뜻을 연결하시오.

1. ordinary	현실
2. senior	행동
3. export	묶다
4. reality	손위의
5. bind	보통의
6. against	구성되다
7. conduct	명백한
8. fee	수출
9. consist	~에 반대하여
10. obvious	요금

» **Answers**

1. 보통의 **2**. 손위의 **3**. 수출 **4**. 현실 **5**. 묶다 **6**. ~에 반대하여
7. 행동 **8**. 요금 **9**. 구성되다 **10**. 명백한

2 다음 빈칸에 알맞은 단어를 보기에서 골라 쓰시오.

contrast	regular	arrest	confidence
practical	prefer	remind	negative

1. a sharp ________
   뚜렷한 대조
2. ________ a thief
   도둑을 검거하다
3. ________ habits
   규칙적인 습관
4. learn ________ English
   실용영어를 배우다
5. a ________ attitude
   소극적 태도
6. speak with ________
   자신감을 가지고 말하다
7. ________ English to math
   수학보다 영어를 좋아하다
8. ________ me of the past
   나에게 과거를 생각나게 하다

» **Answers**

1. contrast **2**. arrest **3**. regular **4**. practical **5**. negative
6. confidence **7**. confidence **8**. remind

3 다음 빈칸에 알맞은 단어를 보기에서 골라 쓰시오.

scarcely	promoted	afford
adult	belongs	burned

1. I hope to be ________ in the near future.
   가까운 장래에 승진하기를 바란다.
2. How much for an ________ ?
   성인 한 사람에 얼마입니까?
3. I cannot ________ to buy a new house.
   나는 새 집을 살 여력이 없다.
4. This house ________ to my father.
   이 집은 아버지의 소유이다.
5. I ________ my hand cooking.
   나는 요리를 하다가 손을 데었다.
6. We could ________ see through the thick fog.
   짙은 안개 때문에 앞을 거의 볼 수 없었다.

» **Answers**

1. promoted **2**. adult **3**. afford **4**. belongs **5**. burned
6. scarcely

4 다음 표시된 말의 알맞은 해석을 쓰시오.

1. a secret between two

   ____

2. observe the situation

   ____

3. His judgment is not fair.

   ____

4. recommend the book

   ____

5. protest innocence

   ____

6. Do you think you can handle this problem?

   ____

7. cry for help

   ____

8. settle difficulties

   ____

» **Answers**

1. ~의 사이에 **2**. 주시하다 **3**. 공평한 **4**. 추천하다 **5**.주장하다
6. 처리하다 **7**. 도움 **8**. 해결하다

Chapter 7

실력증진단어 200 I

PREVIEW

- ☐ explore
- ☐ conservative
- ☐ focus
- ☐ network
- ☐ significant
- ☐ pack
- ☐ capacity
- ☐ retain
- ☐ scientific
- ☐ inform
- ☐ proceed
- ☐ license
- ☐ satisfy
- ☐ ancient
- ☐ emphasize
- ☐ plenty
- ☐ exchange
- ☐ free
- ☐ contemporary
- ☐ religion
- ☐ education
- ☐ vast
- ☐ editor
- ☐ channel
- ☐ vision
- ☐ terrible
- ☐ grand
- ☐ rapidly
- ☐ southern
- ☐ urge
- ☐ withdraw
- ☐ independence
- ☐ sink
- ☐ deep
- ☐ unknown
- ☐ ease
- ☐ appreciate
- ☐ submit
- ☐ wheel
- ☐ declare
- ☐ anger
- ☐ complain
- ☐ pilot
- ☐ coast
- ☐ defend
- ☐ split
- ☐ whisper
- ☐ sail
- ☐ boot
- ☐ advance
- ☐ cope
- ☐ pollution
- ☐ bite
- ☐ relax
- ☐ creature
- ☐ contrary
- ☐ wait
- ☐ bowl
- ☐ nearby
- ☐ sigh
- ☐ jacket
- ☐ crop
- ☐ match
- ☐ written
- ☐ entrance
- ☐ peak
- ☐ wound
- ☐ hurry
- ☐ stream
- ☐ bet
- ☐ employ
- ☐ whenever
- ☐ gentle
- ☐ devote
- ☐ feed
- ☐ lift
- ☐ steal
- ☐ miss
- ☐ sweep
- ☐ achieve
- ☐ inquire
- ☐ odd
- ☐ obey
- ☐ aim
- ☐ benefit
- ☐ overall
- ☐ entire
- ☐ minimum
- ☐ meanwhile
- ☐ guess
- ☐ virtually
- ☐ clause
- ☐ alive
- ☐ mostly
- ☐ being
- ☐ highlight
- ☐ drama
- ☐ altogether
- ☐ maintain
- ☐ destroy

★★★★★ _0601

explore

[ikspló:r]

ⓥ 탐험하다, 탐구하다

» explore the source of a river 강의 수원지를 답사하다
» explore a question 문제를 조사하다

★★★★☆ _0602

conservative

[kənsə́:rvətiv]

ⓐ 보수적인, 보존의

» conservative policies 보수적인 정책
» conservative force 보존력

☐ They explored the source of a river two years ago.
그들은 2년 전에 강의 수원지를 답사했다.

☐ James likes conservative policies.
제임스는 보수적인 정책을 좋아한다.

명 exploration 탐험 형 exploratory 탐험의 비슷 examine 조사하다
동 conserve 보존하다 명 conservatism 보수주의 반대 progressive 진보적인

★★★★☆ _0603

focus

[fóukəs]

1. ⓥ 초점을 맞추다, 집중하다
2. ⓝ 초점

» become the focus of public attention
대중의 관심의 초점이 되다
» focus one's mind on work 일에 정신을 집중시키다

★★★☆☆ _0604

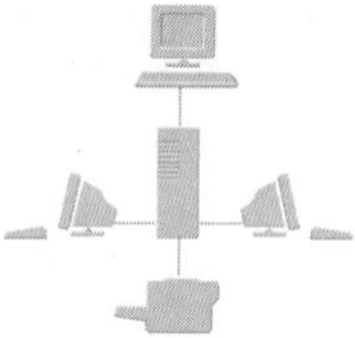

network

[nétwəːrk]

ⓝ 네트워크, 망상 조직

» a network of railroads 철도망
» a network of police boxes 파출소 연계망

❑ The picture is out of focus.
화면의 초점이 맞지 않는다.

❑ Our network was losing ground in the ratings wars.
우리 방송국은 시청률 경쟁에서 패배하고 있었다.

형 focal 초점의 비슷 concentrate 집중하다 참고 adjust 조정하다
참고 net 그물, 네트 참고 networking 컴퓨터 네트워킹 참고 netlike 그물 모양의

★★★★☆ _0605

significant

[signífikənt]

ⓐ 중요한, 의미 있는, 현저한

» a significant day 중요한 날
» exchange significant looks 의미심장한 표정을 교환하다

★★★★☆ _0606

pack

[pæk]

ⓥ 묶다, 포장하다

» pack a lunch-basket 도시락을 싸다
» pack books into one's bag 가방에 책을 틀어넣다

❏ September 11, 2001, is a significant date for Americans.
2001년 9월 11일은 미국인에게는 중요한 날이다.

❏ Did you already pack your belongings?
벌써 짐을 다 쌌니?

명 significance 중요 비슷 important 중요한 반대 insignificant 중요하지 않은
명 package 꾸러미 형 packed 빽빽하게 채운 비슷 bundle 꾸리다

★★★★☆ _0607

capacity

[kəpǽsəti]

ⓝ 용량, 능력

» a man of great capacity 수완이 좋은 사람
» have a large capacity 수용 능력이 크다

★★★★☆ _0608

retain

[ritéin]

ⓥ 보유하다, 유지하다

» retain my right 권리를 보유하다
» retain one's youthfulness 젊음을 유지하다

❑ The factory is operating at full capacity.
그 공장은 풀가동 중이다.

❑ Wool retains heat better than cotton.
모직물은 면직물보다 보온성이 우수하다.

형 capable 유능한 | 비슷 holding power 용량 | 비슷 ability 능력
비슷 hold 유지하다 | 비슷 keep 간직하다 | 반대 release 풀어주다

★★★★☆ _0609

scientific

[sàiəntífik]

ⓐ 과학의, 과학적인

» a scientific theory 과학 이론
» scientific farming 과학 영농

★★★★★ _0610

inform

[infɔ́ːrm]

ⓥ 알리다, 정보를 제공하다

» inform friends about the party 친구들에게 파티에 관해 알리다
» inform the sad news to the family
가족에게 슬픈 소식을 전하다

❑ Scientific American is the most informative scientific magazine.
<Scientific American>은 가장 정보가 풍부한 과학 잡지이다.

❑ I informed my secretary that I was going to be away next week.
나는 비서에게 다음주에 자리를 비운다고 알렸다.

명 science 과학 명 scientist 과학자 부 scientifically 과학적으로
명 information 정보 형 informative 정보를 주는 비슷 notify 알리다

★★★★☆ _0611

proceed

[prousí:d]

ⓥ 나아가다, 진행하다

» proceed into the hall 홀 안으로 들어가다
» proceed with work 일을 계속하다

★★★★☆ _0612

license

[láisəns]

1. ⓝ 허가, 인가(증)
2. ⓥ 면허를 주다

» a driver's license 운전면허증
» license the sale of alcohol 주류 판매를 허가하다

❑ We have no choice but to proceed.
우리에겐 전진하는 것 이외에는 다른 방도가 없다.

❑ At the moment I don't have anything but the driver's license.
지금 당장은 운전면허증 외에는 아무것도 없는데요.

명 process 진행	명 procedure 절차	비슷 advance 전진하다
형 licensed 허가를 받은	비슷 permission 허락	비슷 authorize 인가하다

★★★★★ _0613

satisfy

[sǽtisfài]

ⓥ 만족시키다, 납득시키다

» satisfy my hunger with apple 사과로 요기를 하다
» satisfy one's desire 욕구를 충족시키다

★★★★☆ _0614

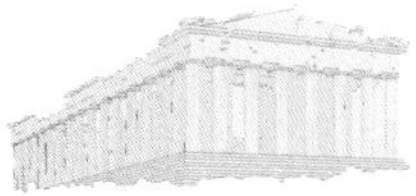

ancient

[éinʃənt]

ⓐ 고대의, 먼 옛날의

» in ancient times 먼 옛날에
» the remains of ancient civilization 고대 문명의 유적

❑ Why are some people never satisfied?
왜 어떤 사람들은 절대 만족할 줄 모르는 거지?

❑ The more ancient culture is the more advanced.
오래된 문명일수록 진보한 문명이다.

명 satisfaction 만족 형 satisfactory 만족할 만한 비슷 fulfill 충족시키다
부 anciently 옛날에 비슷 antique 오래되어 진기한 반대 modern 현대적인

★★★★★ _0615

emphasize

[émfəsàiz]

ⓥ 강조하다, 중요시하다

» emphasize the point 중점을 역설하다
» emphasize quick action 신속한 행동을 강조하다

★★★☆☆ _0616

plenty

[plénti]

ⓝ 풍부, 충분

» plenty of space 넓은 공간
» peace and plenty 평화와 풍요

❑ Parents emphasize that children should be independent.
부모는 아이들에게 독립심을 가져야 한다고 강조한다.

❑ There are plenty of fish in the sea.
바다에는 고기가 얼마든지 있다.

명 emphasis 강조	비슷 stress 강조하다	반대 neglect 무시하다
형 plentiful 풍부한	비슷 abundance 충만	반대 lack 부족

★★★★☆ _0617

exchange

[ikstʃéindʒ]

1. ⓥ 교환하다, 바꾸다
2. ⓝ 교환, 환전

» exchange cards 명함을 주고받다
» an exchange of views 의견의 교환

★★★★☆ _0618

free

[friː]

1. ⓐ 자유로운, 마음대로의
2. ⓐ 무료의, ~이 없는

» a free country 자유국가
» free from pain 고통 없는

❑ Many letters were exchanged between the two.
그 두 사람 사이에 많은 편지가 오고갔다.

❑ Come and see me, if you are free.
시간이 있으면 와 주십시오.

비슷 interchange 교환하다	비슷 trade 교역하다	참고 change 바꾸다
명 freedom 자유	비슷 open 개방된	반대 captive 사로잡힌

★★★★☆ _0619

contemporary

[kəntémpərèri]

ⓐ 같은 시대의, 현대의

» contemporary writers 당대의 작가들
» contemporary literature 현대 문학

★★★★☆ _0620

religion

[rilídʒən]

ⓝ 종교

» the freedom of religion 종교의 자유
» find relief in religion 종교에서 안식을 구하다

❑ We are proud of Korean traditional and contemporary culture.
우리는 한국의 전통적이면서 현대적인 문화를 자랑스러워한다.

❑ I'm a freethinker who don't believe in religion.
나는 종교를 믿지 않는 자유사상가이다.

비슷 modern 현대의	반대 ancient 옛날의	참고 temporary 임시의
형 religious 종교의	비슷 belief 믿음	참고 prayer 기도

★★★★★ _0621

education

[èdʒukéiʃən]

ⓝ 교육, 훈련

» receive an education 교육을 받다
» a child-centered education 아동 중심의 교육

★★★★☆ _0622

vast

[væst]

ⓐ 광대한, 막대한

» the vast and boundless Sahara Desert
넓고 끝없는 사하라 사막
» a vast sum of money 거액의 돈

❏ He gave himself a college education.
그는 독학으로 대학을 마쳤다.

❏ They stared out at the vast blackness of space.
그들은 우주의 광대한 암흑을 응시했다.

형 educational 교육의 비슷 instruction 교육 비슷 training 훈련
비슷 immense 광활한 비슷 huge 막대한 반대 narrow 좁은

★★★☆☆ _0623

editor

[édətər]

ⓝ 편집자, 교정보는 사람

» a managing editor 편집국장
» a sports editor 스포츠 담당 부장(신문사)

★★★☆☆ _0624

channel

[tʃǽnl]

1. ⓝ 채널 (TV, 라디오)
2. ⓝ 수로, 해협

» turn on channel 11 11번 채널로 돌리다
» cut a channel 수로를 내다

❑ Scott is an editor of the college paper.
스코트는 대학 신문의 편집자이다.

❑ What's on Channel 7?
7번 채널에서는 뭘 하죠?

동 edit 편집하다	형 editorial 편집의	참고 writer 작가, 기자
비슷 strait 해협	비슷 waterway 수로	참고 canyon 협곡

★★★★☆ _0625

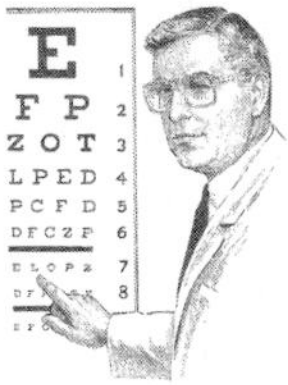

vision

[víʒən]

1. ⓝ 시각, 보이는 것
2. ⓝ 미래상, 이상적인 모습

» field of vision 시계, 시야
» a statesman of great vision 위대한 비전을 지닌 정치가

★★★★☆ _0626

terrible

[térəbəl]

ⓐ 무서운, 심한

» a terrible crime 무서운 범죄
» terrible cold 심한 추위

❑ I have a poor eye vision.
난 시력이 좋지 않아요.

❑ The traffic was terrible.
교통 상황이 아주 끔찍했어요.

형 visual 시각의	형 visible 눈에 보이는	비슷 sight 보임
명 terror 공포	부 terribly 몹시	비슷 dreadful 두려운

★★★☆☆ _0627

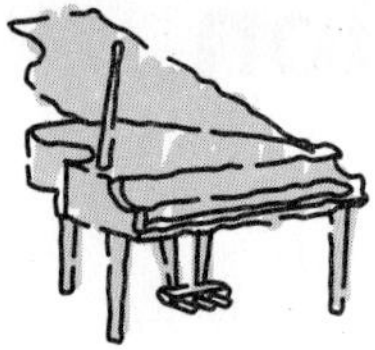

grand

[grænd]

ⓐ 웅장한, 위대한

» a grand performance 위대한 업적
» live in a grand mansion 어마어마한 저택에 살다

★★★★☆ _0628

rapidly

[rǽpidli]

ad. 빨리, 급속히

» the virus spreading rapidly through network
네트워크를 통해 빠르게 전파되는 바이러스
» the child growing up rapidly 무럭무럭 자라나는 어린아이

❑ Everything is on a grand scale in America.
미국은 모든 것에서 그 규모가 광대하다.

❑ I talked rapidly to cover my error.
나는 실수를 감추려고 말을 빨리 했다.

비슷 magnificent 장엄한 비슷 majestic 위엄 있는 비슷 stately 당당한
명 rapidity 급속 형 rapid 급속한 비슷 quickly 신속히

★★★★☆ _0629

southern

[sʌ́ðərn]

ⓐ 남쪽의, 남쪽 지방에 속하는

» the southern part of the Korean Peninsula 한반도의 남부
» the COEX Center in southern Seoul
서울 강남에 있는 코엑스 센터

★★★★☆ _0630

urge

[əːrdʒ]

1. ⓥ 강력히 추진하다, 촉구하다
2. ⓝ 충동

» urge an enterprise onward 사업을 강력히 추진하다
» urge a person to pay a debt 빚을 갚으라고 재촉하다

❑ I'm attending a famous college in southern California.
나는 캘리포니아 남부에 있는 유명한 대학에 다니고 있다.

❑ Tom urged me repeatedly until I gave in.
톰은 포기할 때까지 나를 반복해서 설득했다.

명 south 남쪽 반대 northern 북쪽의 참고 eastern 동쪽의
형 urgent 다급한 명 urgency 긴급 비슷 force 강요하다

★★★★★ _0631

withdraw

[wiðdrɔ́ː]

1. ⓥ 움츠리다, 뒤로 빼다
2. ⓥ 철수시키다

» withdraw one's hand from the hot pot
뜨거운 냄비에서 손을 움츠리다

» withdraw troops from a position 군대를 진지에서 철수시키다

★★★★★ _0632

independence

[ìndipéndəns]

ⓝ 독립, 자립

» declare independence 독립을 선언하다

» the Korean Independence Movement of 1919
기미 독립 운동

❑ Mary withdrew her eyes from the scene.
메리는 그 광경을 보고 눈을 돌렸다.

❑ Slovenia declared independence in 1991 from Yugoslavia.
1991년에 슬로베니아는 유고슬라비아로부터 독립을 선언했다.

명 withdrawal 철수 비슷 retire 물러나다 반대 enter 들어가다

형 independent 독립한 부 independently 독립하여 반대 dependence 의존

★★★★☆ _0633

sink

[siŋk]

ⓥ 가라앉다, 서서히 내려가다

» sink deep down to the bottom 바닥으로 서서히 가라앉다
» sink or swim 흥하느냐 망하느냐

★★★☆☆ _0634

deep

[diːp]

ⓐ 깊은, 두터운

» a deep thought 깊은 생각
» fall into a deep sleep 깊은 잠이 들다

❑ A little leak will sink a great ship.
작은 구멍이 큰 배를 침몰시킨다.

❑ His speech produced a deep impression on the audience.
그의 연설은 청중들에게 깊은 인상을 주었다.

명 sinking 가라앉기	비슷 subside 가라앉다	반대 rise 떠오르다
명 depth 깊이	동 deepen 깊게 하다	부 deeply 깊이

★★★☆☆ _0635

unknown

[ʌ̀nnóun]

ⓐ 알려지지 않은, 미지의

» an unknown continent 미지의 대륙
» yet unknown 아직 알려지지 않은

★★★★☆ _0636

ease

[iːz]

1. ⓝ 편함, 쉬움
2. ⓥ (고통을) 완화하다, 달래다

» feel at ease 마음이 편안하다
» ease the pain 고통을 덜다

❑ As recently as six months ago his name was unknown in Korea.
6개월 전만 해도 그의 이름은 한국에 알려지지 않았다.

❑ Jack tried to set her mind at ease.
잭은 그녀의 마음을 안심시키려고 했다.

비슷 undiscovered 발견되지 않은 반대 well-known 잘 알려진 참고 strange 생소한
형 easy 쉬운 부 easily 쉽게 비슷 comfort 안락

★★★★★ _0637

appreciate

[əpríːʃièit]

1. ⓥ 정당하게 평가하다, 이해하다
2. ⓥ 고맙게 여기다

» appreciate the woman's ability
그 여자의 능력을 높이 평가하다
» appreciate a film 영화를 감상하다

★★★★★ _0638

submit

[səbmít]

1. ⓥ 항복하다, 복종하다
2. ⓥ 내다, 제출하다

» submit to an order 명령에 복종하다
» submit a report 리포트를 제출하다

❑ I really appreciate your concern.
걱정해 주셔서 감사합니다.

❑ He was forced to submit.
그는 굴복을 강요당했다.

명 appreciation 평가	비슷 estimate 평가하다	반대 scorn 경멸하다
비슷 surrender 항복하다	비슷 yield 양보, 굴복하다	비슷 offer 제출하다

★★★☆☆ _0639

wheel

[*h*wiːl]

ⓝ 바퀴, (자동차) 핸들

» the man at the wheel 차를 운전하고 있는 사람
» the wheel of Fortune 운명의 수레바퀴

★★★★☆ _0640

declare

[diklέə*r*]

ⓥ 선언하다, 공표하다

» declare independence 독립을 선포하다
» declare the meeting open 개회를 선언하다

❑ Mr. Lee bought a brand-new four-wheel drive car.
이씨는 새로 나온 4륜 구동 자동차를 샀다.

❑ The couple declared a separation from each other yesterday.
그 커플은 어제 결별을 선언했다.

형 wheeled 바퀴가 달린 비슷 circle 순환 참고 wheelchair 휠체어
명 declaration 선언 비슷 announce 발표하다 비슷 proclaim 선언하다

★★★★☆ _0641

anger

[ǽŋgər]

ⓝ 화, 분노

» furious with anger 미칠 듯이 화가 나서
» contain one's anger 화를 참다

★★★★★ _0642

complain

[kəmpléin]

ⓥ 불평하다, (정식으로) 호소하다

» complain about high prices 물가가 높다고 투덜대다
» complain to the police 경찰에게 하소연하다

❑ Are you fueling my anger?
불난 집에 부채질하고 있니?

❑ What are you complaining about?
뭘 불평하고 있나요?

형 angry 화난	비슷 fury 분노	비슷 rage 분노
명 complaint 불평	비슷 grumble 투덜대다	반대 rejoice 기뻐하다

★★★☆☆ _0643

pilot

[páilət]

1. ⓝ 조종사, 도선사(수로안내인)
2. ⓐ 시험적인

» a test pilot 시험 조종사
» a pilot survey 시험 조사

★★★☆☆ _0644

coast

[koust]

ⓝ 해안, 연안

» a coast defense ship 해안 경비함
» advance towards the coast 해안 쪽으로 접근하다

❑ I want to be a pilot in the future.
나는 미래에 비행기 조종사가 되고 싶다.

❑ Tony pretends he's from the east coast.
토니는 동부 연안 출신인 것처럼 행동한다.

비슷 guide 안내자 | 참고 leader 지도자 | 참고 navigator 자동 조정 장치
형 coastal 해안의 | 비슷 beach 해변 | 비슷 shore 해변

★★★★★ _0645

defend

[difénd]

ⓥ 방어하다, 변호하다

» defend one's country against enemies
적으로부터 나라를 지키다
» defend oneself 스스로를 변호하다

★★★★☆ _0646

split

[split]

1. ⓥ 쪼개다, 헤어지다
2. ⓝ 틈, 균열

» split a log into three 통나무를 세 조각으로 쪼개다
» lead to a split in the party 당내 분열을 야기하다

❑ God defends the right.
신은 정의를 돕는다.

❑ We're splitting up.
우리는 헤어지기로 했어.

명 defence 방어 형 defensive 방어적인 비슷 protect 보호하다
형 splitting (머리가) 빠개질 듯이 아픈 비슷 divide 나누다 비슷 crack 갈라진 틈

★★★★☆ _0647

whisper

[*h*wíspər]

ⓥ 속삭이다

» whisper in his ear 그에게 귓속말을 하다
» whisper against him 남몰래 그의 험담을 하다

★★★☆☆ _0648

sail

[seil]

ⓥ 항해하다

» sail for America 아메리카를 향해 출항하다
» sail along the coast 연안을 따라 항해하다

❑ I whispered to the person next to myself.
나는 옆 사람과 귓속말로 속삭였다.

❑ Submarines sail under the water.
잠수함은 물밑을 다닌다.

비슷 murmur 속삭이다	반대 yell 고함치다	참고 sound 소리
명 sailor 선원	명 sailing 항해	참고 travel 여행하다

★★★☆☆ _0649

boot

[buːt]

ⓝ 장화, 부츠

» a pair of boots 장화 한 켤레
» pull on one's boots 장화를 신다

★★★★★ _0650

advance

[ədvǽns]

1. ⓝ 전진, 진보, 승진
2. ⓥ 나아가다, 진보하다

» pay in advance 미리 돈을 내다
» advance in a straight line 일직선으로 나아가다

❑ Knee-high boots are in fashion this year.
금년에는 무릎까지 오는 부츠가 유행이다.

❑ The date was advanced from July 5 to June 20.
날짜가 7월 5일에서 6월 20일로 앞당겨졌다.

비슷 shoe 신발	참고 sneaker 운동화	참고 booting (컴퓨터) 부팅
비슷 progress 전진	비슷 proceed 나아가다	반대 retreat 후퇴하다

★★★★☆ _0651

cope

[koup]

ⓥ 대처하다, 극복하다

» cope with a task 일을 처리하다
» cope on one's own 혼자서 잘 대처하다

★★★★☆ _0652

pollution

[pəlúːʃən]

ⓝ 오염, 공해

» river pollution 강의 수질 오염
» a discussion on environmental pollution
환경오염에 관한 토론

❑ I envy you for your ability to cope with the situation.
그런 상황에 대처하는 당신의 역량이 부럽습니다.

❑ We will discuss pollution problems next week.
다음주에는 오염 문제에 관하여 토론하겠습니다.

비슷 manage 잘 해나가다　비슷 get by 그럭저럭 해나가다
동 pollute 오염시키다　명 pollutant 오염 물질　참고 dirty 더럽히다

★★★★☆ _0653

bite

[bait]

ⓥ 물다, 물어뜯다

» bite off one's finger 손가락을 물어뜯다
» bite someone in the hand 손을 물다

★★★★☆ _0654

relax

[rilǽks]

ⓥ 긴장을 풀다, 완화하다

» relax the tension 긴장을 풀다
» relax one's features 표정을 부드럽게 하다

❑ Our dogs don't bite.
우리 개들은 물지 않아요.

❑ Just relax and be yourself.
긴장을 풀고 평소대로 해요.

비슷 nibble 조금씩 갉아먹다 참고 sting 쏘다 참고 chew 씹다
명 relaxation 이완 비슷 rest 쉬다 비슷 loosen 느슨하게 하다

★★★★☆ _0655

creature

[kríːtʃər]

ⓝ 창조물, 생물

» a creature of impulse 충동에 좌우되는 사람
» creature of the times 시대의 산물

★★★★☆ _0656

contrary

[kάntreri]

1. ⓐ 반대의, 불순한
2. ⓝ 정반대

» on the contrary 반대로
» produce a contrary result 역효과를 내다

❑ Man is a creature of feelings.
인간은 감정의 동물이다.

❑ Their natures are contrary to each other.
두 사람은 성격이 정반대다.

동 create 창조하다	반대 creator 창조자	참고 animal 동물
비슷 opposite 반대의	비슷 reverse 역, 뒤	반대 favor 호의

★★★★☆ _0657

wait

[weit]

ⓥ 기다리다, 대기하다

» wait in line 줄서서 기다리다
» wait for an opportunity 기회를 기다리다

★★☆☆☆ _0658

bowl

[boul]

1. ⓝ 사발, 그릇
2. ⓥ (공을) 굴리다

» a bowl of soup 수프 한 그릇
» bowl along at 70 mph 시속 70마일의 속도로 가다

❑ Time and tide wait for no man.
세월은 사람을 기다리지 않는다.

❑ I scooped the soup into the bowl.
나는 사발에 수프를 떠 넣었다.

명 waiting 기다림	비슷 await 기다리다	비슷 expect 기대하다
비슷 basin 대야	참고 dish 접시	참고 bowling 볼링

★★★☆☆ _0659

nearby

[níərbài]

ⓐ 바로 가까이의, 바로 이웃의

» a nearby village 바로 이웃 마을
» Seoul and the nearby 수도권

★★★☆☆ _0660

sigh

[sai]

1. ⓝ 한숨
2. ⓥ 한숨짓다, 한탄하다

» give a sigh of relief 안도의 숨을 쉬다
» sigh over one's misfortune 자신의 불운을 한탄하다

❏ We used to go swimming in a nearby lake.
우리는 근처 호수로 수영하러 가곤 했다.

❏ She breathed a sigh of relief.
그녀는 안도의 한숨을 쉬었다.

비슷 close 가까운	반대 distant 멀리 떨어진	참고 nearly 거의
비슷 moan 비탄	비슷 lament 한탄하다	참고 regret 후회하다

★★★☆☆ _0661

jacket

[dʒǽkit]

1. ⓝ 웃옷, 재킷
2. ⓝ (책, 음반) 커버

» a life jacket 구명재킷
» jacket potatoes 껍질째 삶은 감자

★★★★☆ _0662

crop

[krɑp]

ⓝ 수확, 농작물

» a wheat crop 밀 수확
» an average crop 평년작

❑ This jacket looks good on you.
이 재킷은 너에게 잘 어울린다.

❑ The storm damaged the fruit crop.
그 폭풍은 과일 수확에 피해를 주었다.

비슷 coat 외투 | 비슷 cover 표지 | 참고 outer covering 겉옷
비슷 yield 산출 | 비슷 produce 농산물 | 참고 grain 곡물

★★★★☆ _0663

match

[mætʃ]

1. ⓝ 짝, 경기, 경쟁
2. ⓥ 어울리다, 필적하다

» a well-matched couple 잘 어울리는 부부
» a match between powerful teams 강팀간의 대결

★★★★☆ _0664

written

[rítn]

ⓐ 글로 쓰여진, 문어의

» a written examination 필기 시험
» a written law 성문법

❏ No one can match him in English.
영어에서 그와 필적할 사람이 없다.

❏ Take the physical exam after the written test.
필기시험 후에 신체검사를 받아라.

비슷 partner 상대	비슷 game 경기	비슷 equal 필적하다
동 write 쓰다	명 writing 쓰기	반대 spoken 구어의

★★★★☆ _0665

entrance

[éntrəns]

1. ⓝ 들어가기, 입장
2. ⓝ 입구, 현관

» an entrance examination 입학 시험
» the front entrance 정면 출입구

★★★★☆ _0666

peak

[pi:k]

1. ⓝ 산꼭대기, 봉우리
2. ⓝ 절정, 최고점

» in the peak of the Alps 알프스 산맥의 봉우리에서
» the peak of joy 기쁨의 절정

❑ Stop at the entrance to the hotel.
호텔 입구에 세워 주세요.

❑ Mary is at the peak of her career.
메리는 전성기를 맞이하고 있다.

동 enter 들어가다 비슷 admission 입장 비슷 entry 입장
비슷 summit 꼭대기 비슷 top 꼭대기 참고 mount 산

★★★★☆ _0667

wound

[wuːnd]

1. ⓝ 상처, 부상
2. ⓥ 상처를 입히다

» a severe wound 중상
» tend a wound in the leg 다리의 부상을 치료하다

★★★★☆ _0668

hurry

[hə́ːri]

ⓥ 서두르다, 급히 하다

» hurry away 급히 떠나가다
» hurry into a bus 급히 버스를 타다

❑ Tony was wounded in the right leg.
토니는 오른쪽 다리를 부상당했다.

❑ Call an ambulance, hurry!
구급차 좀 불러 주세요, 빨리요!

형 wounded 상처를 입은	비슷 injury 상해	비슷 inflict 상처를 입히다
형 hurried 서두르는	비슷 rush 서두르다	비슷 hasten 서두르다

★★★★☆ _0669

stream

[stri:m]

1. ⓝ 흐름, 해류
2. ⓝ 시내, 개울

» a stream of warm air 난기류
» catch lobsters in a little stream 개울에서 가재를 잡다

★★★☆☆ _0670

bet

[bet]

1. ⓥ 돈을 걸다, 내기를 하다
2. ⓥ 단언하다, 보증하다

» bet one's bottom dollar 가진 돈을 몽땅 걸다
» bet 20 dollars on the racehorse 경주마에 20달러를 걸다

❑ A pond in front, and a stream behind.
앞에는 연못, 뒤에는 개울.

❑ I'll bet you that he will come.
그 사람이 올 것을 나는 장담한다.

비슷 brook 작은 시내 | 비슷 flow 흐름 | 참고 spill 흘리다
명 betting 내기 | 비슷 stake 걸다 | 참고 I bet you 틀림없다

★★★★★ _0671

employ

[emplɔ́i]

ⓥ 고용하다, 사람을 쓰다

» employ many people 많은 사람을 고용하다
» employ a student worker 아르바이트 학생을 채용하다

★★★★☆ _0672

whenever

[*h*wenévə*r*]

conj. 언제든지

» whenever it's convenient 편할 때 언제든지
» Come whenever you like. 오고 싶을 때 언제든지 와요.

❑ The factory employs more than a thousand hands.
그 공장은 천 명 이상의 직공을 고용하고 있다.

❑ My voice shakes whenever I think about it.
나는 그 일을 생각할 때마다 목소리가 떨린다.

명 employment 고용	참고 employer 고용주	참고 employee 종업원
비슷 at any time 언제든지	참고 when 언제	참고 wherever 어디든지

★★★★☆ _0673

gentle

[dʒéntl]

1. ⓐ 온화한, 친절한
2. ⓐ 평온한, 조용한

» as gentle as a lamb 양처럼 순한
» a gentle wind 부드러운 바람

★★★★★ _0674

devote

[divóut]

ⓥ 바치다, 헌신하다

» devote oneself to the study of history 역사연구에 전념하다
» devote one's time to reading 시간을 독서에 사용하다

❑ She has always been gentle with me.
그녀는 항상 나에게 친절했다.

❑ Devote yourself to some one subject.
어느 한 가지 일에 전념해라.

부 gently 평온하게	비슷 mild 유순한	비슷 kindly 친절한
명 devotion 헌신	비슷 offer 제공하다	비슷 dedicate 바치다

★★★★☆ _0675

feed

[fiːd]

ⓥ 먹이를 주다, 양육하다

» feed a family 가족을 부양하다
» feed paper into a printer 인쇄기에 종이를 넣다

★★★★☆ _0676

lift

[lift]

1. ⓥ 올리다, 들어올리다
2. ⓝ 들어올림, 승진

» lift a package 짐을 들어올리다
» a lift in his career 직장에서 승진

❑ Don't feed your dog tonight.
오늘밤은 개에게 먹이를 주지 마세요.

❑ He lifted the stone with one hand.
그는 그 돌을 한 손으로 들었다.

비슷 supply 공급하다 참고 provide 제공하다 참고 feedback 반응, 피드백
비슷 raise 올리다 비슷 elevate 들어올리다 반대 lower 내리다

★★★★☆ _0677

steal

[stiːl]

ⓥ 훔치다, 도둑질하다

» steal a book from the shelf 선반에서 책을 훔치다
» steal a look at her face 그녀의 얼굴을 살짝 훔쳐보다

★★★★☆ _0678

miss

[mis]

ⓥ 놓치다, 빗맞히다

» miss a customer 손님을 놓치다
» miss a good opportunity 좋은 기회를 놓치다

❏ She had her new watch stolen.
그녀는 새 시계를 도둑맞았다.

❏ I missed the last train by three minutes.
3분 차이로 막차를 놓쳤다.

참고 rob 강탈하다	참고 thief 도둑	참고 robber 강도
비슷 lose 놓치다	반대 hit 맞히다	반대 catch 잡다

★★★★☆ _0679

sweep

[swiːp]

ⓥ 청소하다, 휩쓸다

» sweep the floor 마루를 쓸다
» sweep over the whole of Asia 아시아 전체를 휩쓸다

★★★★★ _0680

achieve

[ətʃíːv]

ⓥ 성취하다, 이루다

» achieve one's purpose 목적을 이루다
» achieve a great success 큰 성공을 이루다

❑ It is your duty to sweep this room.
이 방의 청소는 네 책임이다.

❑ She achieved success after years of hard work.
그녀는 수년 간의 힘든 노력 끝에 성공했다.

비슷 clean 청소하다	참고 sweeper 청소부, 수비수	참고 polish 닦다
명 achievement 성취	비슷 accomplish 달성하다	비슷 attain 달성하다

★★★★★ _0681

inquire

[inkwáiər]

ⓥ 묻다, 조사하다

» inquire into the truth 진리를 탐구하다
» inquire into a doubtful point 미심쩍은 점을 조사하다

★★★★☆ _0682

odd

[ɑd]

1. ⓐ 이상한, 기묘한
2. ⓐ 홀수의

» an odd custom 기이한 풍속
» an odd pair of shoes 짝이 맞지 않는 신발

❑ They inquired into the applicant's past record.
그들은 그 지원자의 전력을 조사했다.

❑ That's very odd!
그것 참 묘한 일이로군!

명 inquiry 조사	비슷 ask 묻다	비슷 survey 조사하다
비슷 strange 이상한	비슷 queer 이상한	반대 ordinary 보통의

★★★★★ _0683

obey

[oubéi]

ⓥ 복종하다, 준수하다

» obey the law 법을 지키다
» obey the will of heaven 하늘의 뜻을 따르다

★★★★☆ _0684

aim

[eim]

1. ⓥ 겨냥하다, 목표로 삼다
2. ⓝ 겨냥, 목표

» the aim of life 삶의 목표
» aim at a dramatic effect 극적 효과를 노리다

❑ Children should obey their parents.
아이들은 부모님께 순종해야 한다.

❑ She aims high and won't marry a nobody.
그녀는 눈이 높아 웬만한 사람과는 결혼하지 않으려 한다.

명 obedience 복종	비슷 submit 복종하다	비슷 follow 따르다
비슷 goal 목적	비슷 purpose 목적	비슷 target 표적

★★★★★ _0685

benefit [bénəfìt] 1. ⓝ 이익, 편의 2. ⓝ 은혜

» public benefit 공익
» a benefit concert 자선 콘서트

★★★☆☆ _0686

overall [óuvərɔ̀:l] ⓐ 총체적인, 전부의

» overall length 전체 길이
» overall production 전반적인 생산고

형 beneficial 유익한 비슷 profit 이익 비슷 advantage 이익
비슷 comprehensive 포괄적인 반대 individual 개별적인 참고 entire 전부의

★★★★★ _0687

entire [entáiər] 1. ⓐ 전체의 2. ⓐ 온전한, 완전한

» entire freedom 완전한 자유
» entire ignorance 일자무식

★★★☆☆ _0688

minimum [mínəməm] 1. ⓝ 최소한도, 최저한도 2. *ad.* 최소의, 최소한의

» a minimum of care 최소한의 관심
» a minimum wage 최저 급여

부 entirely 전부 비슷 whole 전체의 비슷 complete 완전한
형 minimal 극소의 비슷 least 가장 적은 반대 maximum 최대 한도

★★★☆☆ _0689

meanwhile [míːnhwàil]

1. *ad.* 그 사이에
2. *ad.* 한편

» in the meanwhile 이럭저럭 하는 동안에
» for the meanwhile 우선, 당장

★★★★☆ _0690

guess [ges]

1. ⓥ 추측하다, 생각하다
2. ⓝ 추측

» guess the number of participants 참가자 수를 추측하다
» guess the girl's age at 15 그 소녀의 나이를 15세로 추정하다

비슷 meantime 그 동안 비슷 simultaneously 동시에 비슷 concurrently 동시에
비슷 think 생각하다 비슷 suppose 추측하다 비슷 imagine 상상하다

★★★★☆ _0691

virtually [vəːrtʃuəli]

ad. 실질적으로, 사실상

» virtually impossible 사실상 불가능한
» virtually finished 사실상 끝난

★★★☆☆ _0692

clause [klɔːz]

ⓝ 절, 조항

» a main clause 주절
» Clause II, Article V 제5조 제2항

형 virtual 실질상의 비슷 actually 실제로 반대 nominally 명목상으로
비슷 paragraph 절 참고 article 조항 참고 phrase 구

★★★★☆ _0693

alive [əláiv] ⓐ 살아있는, 살아서

» catch a fox alive 여우를 사로잡다
» come back alive 살아서 돌아오다

★★★☆☆ _0694

mostly [móustli] *ad.* 대부분, 주로

» mostly made in China 대부분 중국에서 만들어진
» mostly young people 젊은이들이 대부분

비슷 living 생존해 있는 반대 dead 죽은 참고 live [laiv] 생생한
형 most 대부분의 비슷 almost 거의 비슷 chiefly 주로

★★★★☆ _0695

being [bíːiŋ] 1. ⓝ 존재, 실재 2. ⓝ 생존, 생명

» being in itself 존재 그 자체
» the Author of our being 조물주

★★★☆☆ _0696

highlight [háilàit] 1. ⓥ 강조하다 2. ⓝ 가장 중요한 부분

» highlight the point 그 점을 강조하다
» highlight population 인구를 강조하다

동 be 존재하다 비슷 existence 현존 반대 nonexistence 존재하지 않음
비슷 emphasize 강조하다 비슷 stress 역설하다 비슷 underline 아래에 선을 긋다

★★☆☆☆ _0697

drama [drɑ́:mə] ⓝ 드라마, 희곡, 각본

» a historical drama 역사극
» the drama of war 전쟁에서 일어나는 극적인 상황

★★★☆☆ _0698

altogether [ɔ̀:ltəgéðər] 1. *ad.* 아주, 완전히 2. *ad.* 전부 합해서

» an altogether foolish notion 아주 어리석은 생각
» a debt of 120 dollars altogether 도합 120 달러의 빚

형 dramatic 극적인 | 부 dramatically 극적으로 | 비슷 scenario 시나리오
비슷 entirely 전적으로 | 비슷 completely 완전히 | 비슷 wholly 전체로서

★★★★★ _0699

maintain [meintéin] ⓥ 유지하다, 지속하다

» maintain peace 평화를 유지하다
» maintain friendly relations 우호 관계를 유지하다

★★★★★ _0700

destroy [distrɔ́i] ⓥ 파괴하다, 훼손하다

» destroy the proof 증거를 인멸하다
» destroy a building 건물을 파괴하다

명 maintenance 유지 | 비슷 hold 유지하다 | 비슷 support 지지하다
명 destruction 파괴 | 비슷 ruin 파괴하다 | 반대 construct 건설하다

Review Test 7

1 다음 각 단어의 알맞은 뜻을 연결하시오.

1. proceed	한편
2. satisfy	토론
3. meanwhile	탐험하다
4. discussion	보수적인
5. employ	기다리다
6. plenty	만족시키다
7. wait	나아가다
8. explore	풍부
9. conservative	이익
10. benefit	고용하다

» **Answers**

1. 나아가다 **2**. 만족시키다 **3**. 한편 **4**. 토론 **5**. 고용하다 **6**. 풍부
7. 기다리다 **8**. 탐험하다 **9**. 보수적인 **10**. 이익

2 다음 빈칸에 알맞은 단어를 보기에서 골라 쓰시오.

unknown	achieve	retain	maintain
declare	bite	significant	contrary

1. an ________ continent
   미지의 대륙
2. ________ one's youthfulness
   젊음을 유지하다
3. ________ one's purpose
   목적을 이루다
4. ________ independence
   독립을 선언하다
5. a ________ day
   중요한 날
6. ________ off one's finger
   손가락을 물어뜯다
7. on the ________
   반대로
8. ________ friendly relations
   우호 관계를 유지하다

» **Answers**

1. unknown **2**. retain **3**. achieve **4**. declare **5**. significant
6. bite **7**. contrary **8**. maintain

3 다음 빈칸에 알맞은 단어를 보기에서 골라 쓰시오.

relax	complaining	terrible
appreciate	advance	devote

1. Just ________ and be yourself.
   긴장 풀고 평소대로 해요.
2. What are you ________ about?
   뭘 불평하고 있나요?
3. The traffic was ________ .
   교통 상황이 아주 끔찍했어요.
4. I really ________ your concern.
   걱정해 주셔서 감사합니다.
5. pay in ________
   미리 돈을 내다
6. ________ yourself to some one subject.
   어느 한 가지 일에 전념해라.

» **Answers**

1. relax **2**. complaining **3**. terrible **4**. appreciate **5**. advance
6. Devote

4 다음 표시된 말의 알맞은 해석을 쓰시오.

1. steal a book from the shelf

   ____

2. Don't feed your dog tonight.

   ____

3. defend oneself

   ____

4. We're splitting up.

   ____

5. inform friends about the party

   ____

6. lift a package

   ____

7. Tony tapped her on the shoulder.

   ____

8. river pollution

   ____

» **Answers**

1. 훔치다 **2**. 먹이를 주다 **3**. 변호하다 **4**. 헤어지다 **5**. 알리다
6. 들어올리다 **7**. 가볍게 두드렸다 **8**. 오염

Chapter 8

실력증진단어 200 II

PREVIEW

- ☐ lane
- ☐ discuss
- ☐ talent
- ☐ impress
- ☐ secondly
- ☐ merchant
- ☐ musical
- ☐ dare
- ☐ found
- ☐ pretend
- ☐ liquid
- ☐ praise
- ☐ grateful
- ☐ bow
- ☐ detective
- ☐ graduate
- ☐ react
- ☐ frighten
- ☐ contest
- ☐ gesture
- ☐ incident
- ☐ polish
- ☐ bitter
- ☐ critical
- ☐ slope
- ☐ fence
- ☐ garage
- ☐ greet
- ☐ vital
- ☐ civilian
- ☐ primary
- ☐ flee
- ☐ disability
- ☐ float
- ☐ satellite
- ☐ cathedral
- ☐ tragedy
- ☐ sensitive
- ☐ loyalty
- ☐ strictly
- ☐ require
- ☐ blame
- ☐ pity
- ☐ intelligent
- ☐ romantic
- ☐ sensation
- ☐ flag
- ☐ lung
- ☐ glory
- ☐ nature
- ☐ bean
- ☐ instruct
- ☐ exhibit
- ☐ radical
- ☐ hire
- ☐ excessive
- ☐ mild
- ☐ splendid
- ☐ fascinating
- ☐ navy
- ☐ elder
- ☐ guilt
- ☐ slave
- ☐ admire
- ☐ shelter
- ☐ miracle
- ☐ immense
- ☐ oak
- ☐ pet
- ☐ hidden
- ☐ rebuild
- ☐ tremble
- ☐ invisible
- ☐ mid
- ☐ bless
- ☐ cheer
- ☐ paid
- ☐ dive
- ☐ layout
- ☐ crime
- ☐ freeze
- ☐ domestic
- ☐ attention
- ☐ character
- ☐ catalogue
- ☐ essay
- ☐ identification
- ☐ disposal
- ☐ adventure
- ☐ cupboard
- ☐ prominent
- ☐ elite
- ☐ heel
- ☐ delicate
- ☐ plead
- ☐ hostility
- ☐ sue
- ☐ moral
- ☐ great
- ☐ efficient

★★★☆☆ _0701

lane

[lein]

1. ⓝ 좁은 길, 통로
2. ⓝ 차선, 레인

» a blind lane 막다른 골목
» a 4-lane highway 4차선 간선도로

★★★★★ _0702

discuss

[diskʌ́s]

ⓥ 토론하다, 상의하다

» discuss literature 문학을 논하다
» discuss the affairs of a nation 국사를 의논하다

❑ That lane is for buses only.
저 차로는 버스전용이다.

❑ There is nothing to discuss today.
오늘은 아무 의제도 없다.

비슷 path 오솔길	비슷 road 길	비슷 alley 골목길
명 discussion 토론	비슷 debate 논쟁하다	비슷 argue 주장하다

★★★☆☆ _0703

talent

[tǽlənt]

1. ⓝ 재능, 재주
2. ⓝ 재능 있는 사람

» a linguistic talent 어학적 재능
» have a talent for music 음악에 재능이 있다

★★★★★ _0704

impress

[imprés]

ⓥ 감명을 주다, 인상을 주다

» impress students profoundly 학생들에게 깊은 인상을 주다
» impress a critic with the performance
연주로 비평가에게 깊은 인상을 주다

❑ I have no talent in dancing.
난 춤에는 소질이 없어.

❑ What movie has impressed you the most?
어떤 영화가 가장 인상 깊었어?

형 talented 재주 있는	비슷 ability 능력	비슷 gift 천부적 재능
명 impression 인상	형 impressive 인상적인	비슷 affect 감동시키다

★★★☆☆ _0705

secondly

[sékəndli]

ad. 둘째로, 다음으로

» Secondly what's your address?
다음으로, 당신의 주소가 어떻게 되죠?

★★★★☆ _0706

merchant

[mə́:rtʃənt]

ⓝ 상인

» look like a merchant 장사꾼같이 보이다
» The Merchant of Venice 베니스의 상인 (셰익스피어의 작품)

❑ Firstly, I can speak English and secondly, I'm good at all sports.
첫째로 저는 영어를 할 수 있고, 둘째로는 모든 스포츠를 잘합니다.

❑ I didn't want him to be a merchant.
나는 그가 상인이 되길 바라지 않았다.

형 second 두 번째의	참고 firstly 첫째로	참고 secondhand 간접적으로
동 merchandise 장사하다	비슷 trader 상인	비슷 storekeeper 상점 주인

★★★☆☆ _0707

musical

[mjú:zikəl]

1. ⓐ 음악의, 음악적인
2. ⓝ 뮤지컬

» a musical instrument 악기
» a musical gift 음악적 소질

★★★★☆ _0708

dare

[dɛər]

ⓥ 감히 ~하다, 도전하다

» ready to dare any danger 어떤 위험도 무릅쓸 각오가 된
» You dare his anger and say it.
그가 화낼 걸 각오하고 말해 봐.

❑ Do you play any musical instruments?
악기를 다룰 줄 아세요?

❑ How dare you say that to me?
어떻게 감히 내게 그런 말을 하니?

명 music 음악	참고 art 미술, 예술	참고 sculpture 조각
형 daring 대담한	부 daringly 대담하게	비슷 challenge 도전하다

★★★★☆ _0709

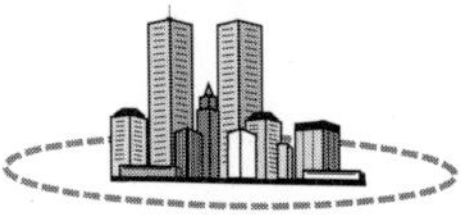

found

[faund]

ⓥ 기초를 세우다, 설립하다

» found a new nation 새 국가를 건설하다
» found a school 학교를 설립하다

★★★★☆ _0710

pretend

[pritḗnd]

ⓥ ~인 체하다, 가장하다

» pretend illness 병이 난 체하다
» pretend to take a nap 졸고 있는 체하다

❑ This theory founded on fact.
이 이론은 사실에 바탕을 두었다.

❑ Don't pretend you don't know.
너는 모르는 척하지 마라.

명 foundation 토대	명 founder 설립자	비슷 establish 설립하다
명 pretense 허식	비슷 assume 시늉을 하다	비슷 deceive 속이다

★★★☆☆ _0711

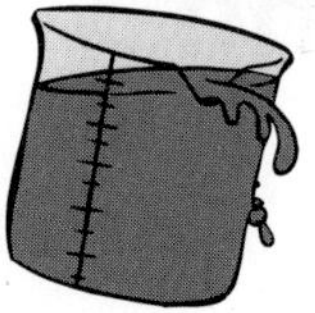

liquid

[líkwid]

1. ⓝ 액체
2. ⓐ 액체의, 유동적인

» a colorless and transparent liquid 무색 투명한 액체
» liquid fuel 액화 연료

★★★★☆ _0712

praise

[preiz]

1. ⓥ 칭찬하다
2. ⓝ 칭찬, 찬양

» praise a new play 신작 희곡을 칭찬하다
» Pudding rather than praise. 금강산도 식후경 (속담)

❑ They are carrying liquid nitrogen with care.
그들은 액화질소를 조심해서 운반하고 있다.

❑ Don't spoil a child by praise.
아이를 칭찬해서 버릇없게 만들지 마세요.

참고 gas 기체 | 참고 solid 고체 | 비슷 fluid 유동성의
비슷 acclaim 갈채를 보내다 | 비슷 admire 칭찬하다 | 비슷 applause 박수갈채

★★★☆☆ _0713

grateful

[gréitfəl]

ⓐ 감사하는, 고마워하는

» be grateful for ~에 감사하다
» a sermon on a grateful heart 감사하는 마음에 관한 설교

★★★☆☆ _0714

bow

[bou, bau]

1. ⓝ 활, 나비넥타이
2. ⓥ 인사하다, 고개를 숙이다

» a railroad line curved like a bow 활등처럼 구부러진 철도
» bow to the ground 머리를 조아리며 절하다

❑ We're ever so grateful to you for your help.
우리는 당신의 도움에 대하여 정말로 고맙게 생각합니다.

❑ Have you ever hunted with bow and arrow?
활과 화살로 사냥해 본 적 있어요?

비슷 thankful 감사하는 비슷 appreciative 감사하는
비슷 bend 구부리다 비슷 submit 복종하다 참고 arrow 화살

★★★★☆ _0715

detective

[ditéktiv]

ⓝ 탐정, 형사

» a private detective 사립 탐정
» a police detective 형사

★★★★☆ _0716

graduate

[grǽdʒuèit]

1. ⓥ 졸업하다
2. ⓝ 졸업생, 대학원생

» a graduate in economics from Yale
예일대 경제학과 졸업생
» graduate from high school 고등학교를 졸업하다

❑ The detective finally tracked down the killer.
형사는 마침내 그 살인자의 소재를 파악했다.

❑ I'm a graduate student.
나는 대학원생입니다.

동 detect 탐지하다　형 detectable 탐지할 수 있는　참고 detector 발견자
명 graduation 졸업　참고 undergraduate (대학) 학부생

★★★☆☆ _0717

react

[riːǽkt]

ⓥ 반응하다, 반작용하다

» react to sound 소리에 반응하다
» react against a plan 계획에 반대하다

★★★★☆ _0718

frighten

[fráitn]

ⓥ 깜짝 놀라게 하다, 겁먹게 하다

» frighten a cat away 고양이를 겁주어 쫓아버리다
» be frightened by a mouse 생쥐 때문에 깜짝 놀라다

❑ I don't react well to this medicine.
이 약이 저에게는 별 효과가 없어요.

❑ The thief was frightened by a mouse.
그 도둑은 쥐 때문에 깜짝 놀랐다.

명 reaction 반작용	비슷 reply 응답하다	비슷 respond 반응하다
명 fright 공포	비슷 terrify 무섭게 하다	비슷 scare 겁나게 하다

★★★★☆ _0719

contest

[kántest]

1. ⓝ 경쟁, 시합, 대회
2. ⓥ 논쟁하다, 겨루다

» a beauty contest 미인대회
» contest a seat in the Assembly 의석(議席)을 다투다

★★★☆☆ _0720

gesture

[dʒéstʃər]

1. ⓝ 몸짓, 손짓
2. ⓥ 몸짓으로 말하다

» a gesture of sympathy 동정의 의사 표시
» gesture to the waiter to bring some more coffee
웨이터에게 커피를 더 갖다달라는 제스처를 하다

❑ We held a contest to see who could run fastest.
우리는 누가 가장 빨리 달릴 수 있는지 알기 위해 시합을 열었다.

❑ Jim made a rude gesture at the crowd.
짐은 군중들에게 무례한 몸짓을 했다.

비슷 match 시합	비슷 compete 경쟁하다	비슷 contend 싸우다
비슷 sign 신호	비슷 signal 신호를 보내다	비슷 indicate 암시하다

★★★★☆ _0721

incident

[ínsədənt]

ⓝ 사건, 우발적인 일

» a daily incident 일상사
» an incident on the journey 여행 중에 있었던 사건

★★★★☆ _0722

polish

[pάliʃ]

ⓥ 닦다, 광을 내다

» polish furniture 가구를 닦다
» polish with sandpaper 사포로 문지르다

❏ The incident was reported in detail in yesterday's newspaper.
그 사건은 어제 신문에 자세히 나왔다.

❏ I dusted and polished the furniture.
나는 가구의 먼지를 털고 광을 냈다.

비슷 accident 사고 비슷 event 사건 비슷 happening 우발 사건
비슷 brighten 빛나게 하다 참고 wax 왁스로 닦다 참고 gloss 광택

★★★★☆ _0723

bitter

[bítər]

1. ⓐ (맛이) 쓴
2. ⓐ 모진, 비통한

» a bitter sorrow 사무치는 슬픔
» taste the sweets and bitters of life 삶의 단맛 쓴맛을 다 보다

★★★★☆ _0724

critical

[krítikəl]

ⓐ 평론의, 비평가의

» a critical opinion 비판적 의견
» have a critical eye 비평의 안목이 있다

❑ A good medicine tastes bitter.
좋은 약은 입에 쓰다.

❑ He has cultivated a critical sense by a wide range of reading.
그는 광범위한 독서를 통해 비평안을 길러왔다.

부 bitterly 심하게	비슷 harsh 가혹한	반대 sweet 단맛의
명 critic 비평가	명 criticism 평론	동 criticize 비평하다

★★★☆☆ _0725

slope

[sloup]

1. ⓝ 비탈, 기울기
2. ⓥ 경사지다

» a 20-degree slope 20도의 경사
» slope gently to the north 북쪽으로 완만히 경사지다

★★★☆☆ _0726

fence

[fens]

ⓝ 울타리, 담장

» a garden fence 정원 울타리
» jump over a fence 담을 껑충 뛰어넘다

❑ The old woman slipped down the slope.
그 나이든 여자는 비탈길에서 아래쪽으로 미끄러졌다.

❑ They have a fence around their house.
그들은 집 주위에 울타리를 쳐놓았다.

비슷 slant 경사 | 비슷 incline 기울다 | 비슷 lean 경사지다
형 fenceless 울타리가 없는 | 참고 enclosure 울타리로 막은 땅 | 참고 wall 벽

★★★☆☆ _0727

garage

[gərá:ʒ]

ⓝ 차고, 자동차 수리소

» put the car in the garage 차고에 주차시키다
» garage shop (차고를 개조한 것 같은) 조그마한 공장

★★★★☆ _0728

greet

[gri:t]

ⓥ 인사하다, 맞이하다

» greet someone with a smile 미소로 사람을 맞다
» greet the gentleman politely 신사에게 정중히 인사하다

❑ Cindy could not believe how much stuff was in that garage.
신디는 이렇게 많은 물건들이 차고 안에 있다는 것을 믿을 수가 없었다.

❑ I greeted her by making a slight bow.
나는 가벼운 목례로 그녀에게 인사를 했다.

참고 garage sale (집에서) 중고품 판매 참고 park 주차장 참고 garbage 쓰레기
명 greeting 인사 비슷 bow 인사하다 참고 greeting card 연하장

★★★★☆ _0729

vital

[váitl]

1. ⓐ 생명의, 살아 있는
2. ⓐ 극히 중대한, 치명적인

» a vital question 생사에 관한 문제
» vital organs of the body 신체의 중요 기관

★★★☆☆ _0730

civilian

[sivíljən]

ⓝ 민간인, 일반 시민

» a civilian airplane 민간 항공기
» civilian clothes 평복

❑ This is a vital question for the health of the citizen.
이것은 시민의 보건에 중대한 문제이다.

❑ The soldier, dressed in civilian clothes, moved to the camp.
그 군인은 민간인 복장을 하고 캠프 쪽으로 갔다.

명 vitality 활기	비슷 fatal 치명적인	비슷 serious 중대한, 진지한
동 civilize 문명화하다	형 civilized 개화된	형 civil 시민의

★★★★☆ _0731

primary

[práimèri]

1. ⓐ 첫째의, 주요한
2. ⓐ 초기의, 초보의

» my primary goal in life 내 인생의 제1목표
» primary colors 원색

★★★★☆ _0732

flee

[fliː]

ⓥ 벗어나다, 도망치다

» flee before the enemy 적을 두려워하여 도주하다
» flee for refuge 피난처를 찾아 달아나다

❑ His primary reason for studying was to be a lawyer.
그가 공부하는 첫번째 이유는 변호사가 되기 위해서였다.

❑ Cindy fled at the sight of him.
신디는 그를 보자마자 도망쳤다.

비슷 chief 최고의 　 비슷 main 주요한 　 비슷 principal 주요한
명 flight 도망 　 비슷 escape 도망치다 　 비슷 run away 달아나다

★★★☆☆ _0733

disability

[dìsəbíləti]

1. ⓝ 무능력
2. ⓝ 신체장애(불구)

» disability insurance 신체장애 보험
» disability to avoid clashes 충돌을 피할 수 없음

★★★★☆ _0734

float

[flout]

ⓥ 떠다니다, 표류하다

» float in the air 공중에 뜨다
» a small boat floating on the river 강에 떠다니는 작은 배

❏ They all had mental disabilities.
그들 모두에게는 정신적인 장애가 있었다.

❏ We floated on the water in a boat.
우리는 물 위에서 보트를 탔다.

동 disable 무능력하게 만들다	비슷 inability 불능	참고 enable 할 수 있게 하다
형 afloat 떠 있는	비슷 drift 떠돌다	참고 float bridge 부교

★★★★☆ _0735

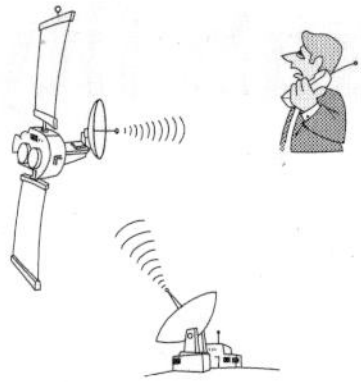

satellite

[sǽtəlàit]

ⓝ 위성

» a satellite dish 파라볼라 안테나
» put an artificial satellite into the sky
인공 위성을 쏘아 올리다

★★★☆☆ _0736

cathedral

[kəθíːdrəl]

ⓝ 대성당, 큰 성당

» Myeong Dong Cathedral 명동 성당
» the cathedral's foundation stone 대성당의 초석

❑ According to the satellite, we're exactly on course.
위성에 따르면 우리는 정확한 진로로 가고 있다.

❑ They were married yesterday at the Cathedral of St. Louis.
그들은 어제 성 루이스 대성당에서 결혼했다.

참고 satellite city 위성 도시 참고 planet 행성 참고 comet 혜성
참고 bishop 주교 참고 priest 성직자 참고 monk 수도사

★★★★☆ _0737

tragedy

[trǽdʒədi]

ⓝ 비극, 비참한 사건

» Shakespeare's four tragedies 셰익스피어의 4대 비극
» the tragedy of the Korean War 한국 전쟁의 비극

★★★★☆ _0738

sensitive

[sénsətiv]

ⓐ 민감한, 예민한

» a sensitive musician 감수성이 풍부한 음악가
» sensitive diplomatic issues 민감한 외교문제

❑ Out of tragedy comes opportunity.
불행이 지나면 기회가 찾아온다.

❑ She is unusually sensitive to the cold.
그녀는 유난히 추위를 탄다.

형 tragic 비극적인	반대 comedy 희극	참고 miserable 비참한
명 sense 감각	비슷 delicate 예민한, 섬세한	반대 dull 둔감한

★★★☆☆ _0739

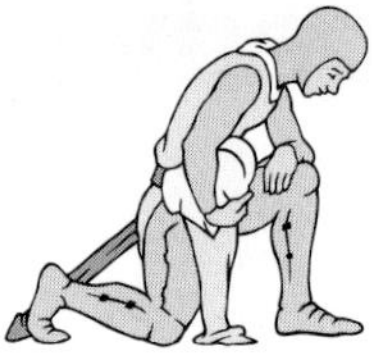

loyalty

[lɔ́iəlti]

ⓝ 충성, 충실

» unshaken loyalty 흔들리지 않는 충성심
» give a proof of one's loyalty 충성의 증거를 보여주다

★★★☆☆ _0740

strictly

[stríktli]

ad. 엄격히, 엄밀히, 정확히

» speaking strictly 엄밀히 말하자면
» strictly forbid a person to go out
아무개의 외출을 엄격히 금하다

❑ Money seems to be more important to him than loyalty or friendship. 그에게는 돈이 충성이나 우정보다 중요한 것으로 보인다.

❑ This is strictly between us.
이것은 절대로 우리만의 비밀이다.

형 loyal 충실한	비슷 devotion 헌신	비슷 fidelity 충실
형 strict 엄격한	비슷 certainly 확실하게	비슷 precisely 정확하게

★★★★★ _0741

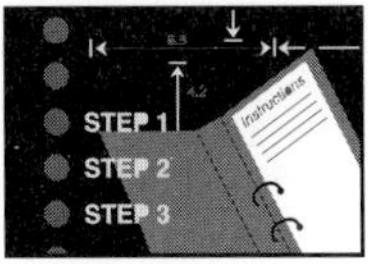

require

[rikwáiər]

ⓥ 필요로 하다, 요구하다

» require treatment in hospital 입원 치료를 요하다
» require a long period of time 긴 시일을 요하다

★★★★☆ _0742

blame

[bleim]

ⓥ 나무라다, 비난하다

» blame a person for his error 잘못을 나무라다
» I am to blame for it. 나는 그것에 대해 비난받아 마땅하다.

❑ This kind of work requires great skill.
이런 일은 대단한 숙련을 필요로 한다.

❑ A bad workman blames his tools.
서투른 일꾼이 연장 탓한다.

명 requirement 필요	비슷 demand 요구하다	참고 request 요청하다
비슷 criticize 비판하다	비슷 condemn 비난하다	반대 praise 칭찬하다

★★★★☆ _0743

pity

[píti]

ⓝ 연민, 동정심

» What a pity! 참 불쌍하구나!
» without pity 무참하게

★★★★☆ _0744

intelligent

[intéləd3ənt]

ⓐ 지적인, 총명한

» the intelligent class 지식 계급
» an intelligent child 영리한 어린이

❏ It's a pity the weather is bad.
애석하게도 날씨가 좋지 않네요.

❏ She likes a man who is intelligent and warm-hearted.
그녀는 지적이고 마음이 따뜻한 남자를 좋아한다.

형 pitiful 가엾은	비슷 sympathy 동정심	참고 feeling 감정
명 intelligence 총명	비슷 smart 총명한	참고 intelligence office 정보국

★★★☆☆ _0745

romantic

[roumǽntik]

1. ⓐ 낭만적인, 공상적인
2. ⓐ 로맨틱한, 열렬한 사랑의

» a romantic tale 소설 같은 이야기
» romantic poets 낭만주의 시인

★★★☆☆ _0746

sensation

[senséiʃən]

1. ⓝ 감각, 느낌
2. ⓝ 흥분, 센세이션

» feel a delightful sensation 즐거운 기분이 들다
» make a sensation 센세이션을 일으키다

❑ He is lighting the candles on the table set for a romantic dinner.
그는 낭만적인 저녁식사를 위해 테이블 위에 초를 켜고 있다.

❑ The event was a sensation for weeks.
그 사건은 수주 동안 화젯거리였다.

명 romance 연애 사건 | 명 romanticism 낭만주의 | 비슷 fantastic 공상적인
형 sensational 굉장한, 감각의 | 비슷 sense 감각 | 비슷 feeling 느낌

★★★☆☆ _0747

flag

[flæg]

ⓝ 기, 깃발

» the national flag 국기
» a ship flying the Korean flag 태극기를 단 배

★★☆☆☆ _0748

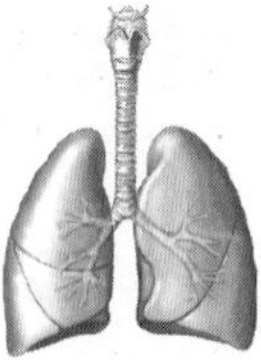

lung

[lʌŋ]

ⓝ 폐, 허파

» a lung disease 폐병
» at the top of my lungs 목청껏

❑ I raised a white flag to my neighbors.
나는 이웃 사람들에게 백기를 들고 말았다.

❑ Smoking causes lung cancer.
흡연은 폐암을 유발한다.

비슷 banner 깃발	참고 sign 표시	참고 signboard 간판
참고 chest 가슴	참고 heart 심장	참고 stomach 위장

★★★☆☆ _0749

glory

[glɔ́:ri]

ⓝ 영광, 명예

» give glory to God 신을 찬양하다
» the glories of Rome 로마의 위업

★★★★☆ _0750

nature

[néitʃər]

ⓝ 자연, 본성

» a law of nature 자연의 법칙
» the beauty of nature 자연의 아름다움

❑ His acts of courage brought him glory.
그의 용기있는 행동은 그에게 영광을 가져다주었다.

❑ He is a musician by nature.
그는 타고난 음악가이다.

형 glorious 영광의	비슷 honor 영예	비슷 prosperity 번영
형 natural 자연의	부 naturally 자연히	참고 universe 우주

★★★☆☆ _0751

bean

[biːn]

ⓝ 콩

» be as small as a bean 콩알만하다
» spill the beans 비밀을 누설하다

★★★★★ _0752

instruct

[instrʌ́kt]

1. ⓥ 지시하다, 명령하다
2. ⓥ 교육하다

» instruct the young 젊은이들을 가르치다
» instruct the workers to go on strike
노동자들에게 파업하라고 지시하다

❑ The pigeons are busily picking at the beans.
비둘기들이 부지런히 콩을 쪼고 있다.

❑ He instructed the students in philosophy.
그는 학생들에게 철학을 가르쳤다.

형 beanlike 콩과 같은	비슷 pea 완두콩	참고 coffee beans 커피 콩
형 instructive 교육적인	비슷 teach 가르치다	참고 instructor 강사

★★★★★ _0753

exhibit

[igzíbit]

ⓥ 전시하다, 보여주다

» exhibit courage 용기를 보이다
» exhibit new products for sale 새 상품을 진열하다

★★★★☆ _0754

radical

[rǽdikəl]

ⓐ 근본적인, 급진적인

» a radical argument 급진적인 주장
» a radical change 급격한 변화

❑ They exhibited new products for sale.
그들은 판매용 신상품을 진열했다.

❑ The professor suggested a radical reform.
그 교수는 근본적인 개혁을 제의했다.

명 exhibition 전시 비슷 show 보여주다 반대 hide 숨기다
비슷 basic 근본적인 비슷 fundamental 기본적인 비슷 extreme 극단적인

★★★★★ _0755

hire

[háiər]

ⓥ 고용하다, 세내다

» hire a bus 버스를 세내다
» hire an employee by the day 일급으로 종업원을 고용하다

★★★★☆ _0756

excessive

[iksésiv]

ⓐ 과도한, 지나친

» excessive charges 과도한 요금
» an excessive punishment 지나친 벌

❑ He hired an employee to run a beauty shop.
종업원을 한 명 두고 미장원을 운영한다.

❑ Excessive exercise is bad for your health.
지나친 운동은 건강에 해롭습니다.

비슷 employ 고용하다	비슷 borrow 빌다	비슷 rent 세내다
명 excess 과다	비슷 too much 과도한	반대 moderate 알맞은

★★★★☆ _0757

mild

[maild]

ⓐ 온화한, 상냥한

» a mild punishment 관대한 처벌
» a mild winter weather 푸근한 겨울 날씨

★★★★☆ _0758

splendid

[spléndid]

1. ⓐ 빛나는, 훌륭한
2. ⓐ 화려한

» a splendid idea 멋진 생각
» Honaudo's splendid kick 호나우두의 멋진 킥

❑ The old man had a mild heart attack.
그 노인에게는 가벼운 심장마비가 있었다.

❑ What a really splendid idea!
정말 훌륭한 생각인데!

비슷 gentle 온화한 비슷 calm 평온한 비슷 temperate 온화한
명 splendor 화려함 비슷 brilliant 찬란한 비슷 gorgeous 호화로운

★★★★☆ _0759

fascinating

[fǽsənèitiŋ]

ⓐ 매혹적인, 흥미진진한

» a fascinating novel 흥미진진한 소설
» colorful and fascinating shapes 다채롭고 매력적인 모양

★★★☆☆ _0760

navy

[néivi]

ⓝ 해군

» the Secretary of the Navy (미국) 해군장관
» enlist in the navy 해군에 입대하다

❑ What is most fascinating about the movie?
그 영화에서 가장 매혹적인 것은 무엇일까?

❑ He served in the navy.
그는 해군에서 복무했다.

동 fascinate 매혹하다 | 명 fascination 매혹 | 비슷 charming 매력적인
형 naval 해군의 | 참고 army 육군 | 참고 marine 바다의, 해병

★★★☆☆ _0761

elder

[éldər]

ⓐ 나이가 위인, 연장의

» my elder brother 나의 형
» her elder sister's book 그녀 언니의 책

★★★★☆ _0762

guilt

[gilt]

ⓝ 범죄, 유죄

» a feeling of guilt 죄책감
» confess one's guilt 죄를 자백하다

❑ You should talk it over with your elder brother, too.
너는 네 형과도 그것에 대해 의논을 해야 한다.

❑ There was no question that this man is guilty.
이 사람이 유죄라는 것은 의문의 여지가 없다.

비슷 senior 손위의	반대 younger 나이 어린	참고 elderly 나이 지긋한
형 guilty 유죄의	비슷 crime 범죄	반대 innocence 무죄, 결백

★★★☆☆ _0763

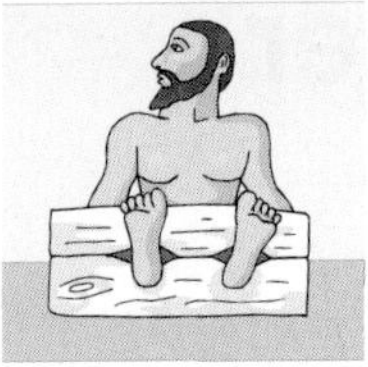

slave

[sleiv]

ⓝ 노예

» work like a slave 노예같이 일하다
» be a slave to love 사랑의 노예가 되다

★★★★★ _0764

admire

[ædmáiər]

ⓥ 감탄하다, 숭배하다

» admire the beautiful scenery 아름다운 경치를 찬미하다
» admire him for his courage 그의 용기에 감탄하다

❑ Debts turn free men into slaves.
빚은 자유인을 노예로 만든다.

❑ He is admired for his bravery by the people.
그는 용감하기 때문에 존경을 받는다.

명 slavery 노예 상태	비슷 servant 하인	반대 master 주인
명 admiration 감탄	비슷 esteem 존경하다	비슷 wonder 경탄하다

★★★★☆ _0765

shelter

[ʃéltər]

1. ⓝ 피난처, 은신처
2. ⓥ 숨기다, 보호하다

» shelter a criminal 범인을 은닉하다
» food, clothing and shelter 의식주

★★★☆☆ _0766

miracle

[mírəkəl]

ⓝ 기적, 불가사의한 일

» a miracle of skill 경이적인 기술
» Korea's economic miracle 한국의 경제 기적

❑ There is a homeless shelter in this city.
이 도시에는 집 없는 사람들을 위한 보호소가 있다.

❑ Books still accomplish miracles.
아직도 책은 기적을 일으킨다.

비슷 refuge 피난처 | 비슷 harbor 숨기다 | 반대 expose 드러내다
형 miraculous 기적적인 | 비슷 marvel 놀랄만한 일 | 참고 miracle drug 영약

★★★★☆ _0767

immense

[iméns]

ⓐ 아주 큰, 거대한, 굉장한

» an immense sum of money 막대한 돈
» an immense fortune 막대한 재산

★★★☆☆ _0768

oak

[ouk]

ⓝ 오크 (떡갈나무, 참나무류)

» an ancient oak tree 오래된 오크나무
» an oak door 참나무로 만든 문

❑ America's immense powers must be used for peace for all human beings. 미국의 막대한 힘은 인류의 평화를 위해 사용되어야 한다.

❑ Great oaks from little acorns grow.
커다란 참나무도 작은 도토리에서 시작된다.

비슷 enormous 막대한 비슷 huge 거대한 반대 tiny 아주 작은
형 oaken 오크 나무의 참고 acorn 도토리 참고 fir 전나무

★★★★☆ _0769

pet

[pet]

1. ⓝ 애완동물, 귀염둥이
2. ⓥ 쓰다듬다, 귀여워하다

» a pet shop 애완동물 상점
» a pet daughter 귀염둥이 딸

★★★★☆ _0770

hidden

[hídn]

ⓐ 숨겨진, 보이지 않는

» a hidden meaning 숨겨진 의미
» a hidden tax 간접세

❑ I like all kinds of pets.
나는 애완동물은 모두 좋아한다.

❑ She is searching for any hidden danger inside the open elevator.
그녀는 열린 엘리베이터 안쪽에 감춰진 위험이 없는지 살피고 있다.

비슷 favorite 귀염둥이 비슷 darling 사랑스런 사람 비슷 beloved 가장 사랑하는 사람
동 hide 감추다 비슷 obscure 눈에 띄지 않는 비슷 concealed 보이지 않는

★★★★☆ _0771

rebuild

[ri:bíld]

ⓥ 다시 짓다, 보강하다

» rebuild an old house 낡은 집을 개축하다
» rebuild the national economy 국가 재정을 재건하다

★★★★☆ _0772

tremble

[trémbəl]

1. ⓥ 떨다, 흔들리다
2. ⓝ 떨림, 전율, 진동

» tremble for fear 두려움에 떨다
» tremble in the wind 바람에 흔들리다

❑ The temple was completely rebuilt in 1920 after it had been destroyed by fire. 그 사찰은 화재로 소실된 뒤 1920년 완전히 다시 지어졌다.

❑ Then Jane could feel the tremble in her heart.
그때, 제인은 가슴이 뛰는 걸 느낄 수 있었다.

비슷 reconstruct 다시 짓다	비슷 build up 개조하다	참고 builder 건축업자
형 trembling 떠는	비슷 shake 진동하다	비슷 quiver 떨다

★★★★☆ _0773

invisible

[invízəbəl]

ⓐ 눈에 보이지 않는

» an invisible hand 보이지 않는 손
» be invisible to the naked eye 육안으로는 보이지 않다

★★★☆☆ _0774

mid

[mid]

ⓐ 중앙의, 가운데의

» in mid course 중도에
» in mid summer 한여름에

☐ Good character is an invisible asset.
좋은 품성은 보이지 않는 재산이다.

☐ The mid-term exams are over now.
중간 시험이 이제 끝났다.

부 invisibly 눈에 보이지 않게 비슷 hidden 눈에 띄지 않는 반대 visible 눈에 보이는
비슷 central 중앙의 비슷 halfway 중간의 참고 midday 정오, 한낮

★★★☆☆ _0775

bless

[bles]

ⓥ 축복하다, 찬양하다

» bless the child 아이의 행복을 기원하다
» bless the Lord 신을 축복하다

★★★★☆ _0776

cheer

[tʃiər]

1. ⓥ 갈채를 보내다, 격려하다
2. ⓝ 환호, 갈채, 격려

» cheer a team to victory 팀을 응원하여 승리하게 하다
» cheer up at good news 희소식에 기운이 나다

❑ May you be blessed with good health!
건강하시길 기원합니다!

❑ Three cheers for the winning team!
승리한 팀을 위해 세 차례의 환호를 보냅시다!

명 blessing 축복 형 blessed 축복받은 비슷 glorify 찬양하다
형 cheerful 기분 좋은 비슷 encourage 기운을 북돋다 참고 cheerleader 응원단장

★★★☆☆ _0777

paid

[peid]

ⓐ 유료의, 지불된

» a paid vacation 유급 휴가
» highly-paid 높은 급료를 받는

★★★☆☆ _0778

dive

[daiv]

1. ⓥ 잠수하다, 다이빙하다
2. ⓝ 잠수

» dive into the river 강에 뛰어들다
» dive into the bushes 수풀 속으로 사라지다

❑ Are you looking for paid work or voluntary work?
유급 일을 찾고 있나요, 무급 일을 찾고 있나요?

❑ The value of the won has taken a dive for the last two months.
원화 가치가 지난 2개월 동안 급락했다.

반대 unpaid 무급의 | 참고 payback 환불 | 참고 payday 급여일
명 diving 잠수 | 비슷 plunge 뛰어들다 | 명 diver 잠수부

★★★☆☆ _0779

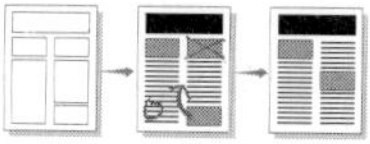

layout

[léiàut]

1. ⓝ 레이아웃
2. ⓝ 지면 구획, 배치도

» an expert in layout 설계의 전문가
» introduction to layout 레이아웃의 소개

★★★★☆ _0780

crime

[kraim]

ⓝ 범죄, 죄

» evidence of a crime 범죄의 증거
» commit a crime of murder 살인죄를 범하다

❑ Tracy is studying the diagrams of the building's interior layout. 트레이시는 빌딩의 내부 설계도를 들여다보고 있다.

❑ They set him free on his oath that he would never commit a crime again. 그들은 그가 다시는 죄를 짓지 않겠다고 다짐하여 풀어주었다.

비슷 arrangement 설계	비슷 design 설계	참고 layoff 일시 해고
명 criminal 범인	비슷 sin 죄악	참고 vice 악덕

★★★★☆ _0781

freeze

[friːz]

ⓥ 얼음 얼다, 얼어붙다

» freeze fish 생선을 냉동시키다
» freeze to death 얼어죽다

★★★★☆ _0782

domestic

[dou*mé*stik]

1. ⓐ 가정의, 가사의
2. ⓐ 국내의, 국산의

» domestic happiness 가정의 행복
» domestic and foreign affairs 국내외 사정

❑ It froze hard last night.
어젯밤 얼음이 꽁꽁 얼었다.

❑ The government have promoted domestic industry.
정부는 국내 산업을 촉진시켰다.

명 frost 서리	반대 melt 녹다	참고 ice 얼음
비슷 home 가정의	비슷 internal 내부의	반대 foreign 외국의

★★★★☆ _0783

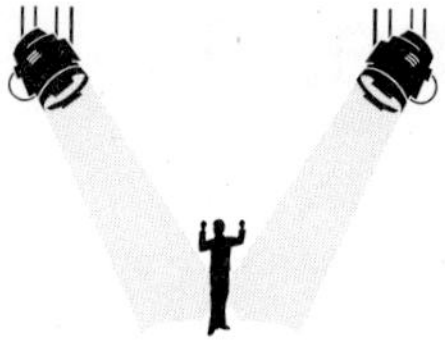

attention

[ətén∫ən]

1. ⓝ 주의, 주목
2. ⓝ 배려, 보살핌

» attract public attention 대중의 이목을 끌다
» pay attention to a baby 아기에게 관심을 기울이다

★★★★☆ _0784

character

[kǽriktər]

1. ⓝ 특성, 성격, 인물, 인격
2. ⓝ 문자, 기호

» man of fine character 품성이 훌륭한 사람
» write in Chinese characters 한자로 쓰다

❏ Her bathing suit attracts our attention.
그녀의 수영복은 우리의 관심을 끈다.

❏ The character of the hero is well described.
주인공의 성격이 잘 묘사되어 있다.

동 attend 출석하다 명 attendance 출석 비슷 notice 주목, 통보
형 characteristic 특징 있는 비슷 personality 개성 비슷 letter 글자

★★★☆☆ _0785

catalogue [kǽtəlɔ̀ːg] ⓝ 목록, 카탈로그

» a card catalogue (도서관의) 카드 목록
» a catalogue of article for sale 판매품 목록

★★★☆☆ _0786

essay [ései] ⓝ 수필, 평론

» an essay on travel 여행에 관한 수필
» an essay on Korean literature 한국문학에 관한 논문

비슷 list 목록 비슷 inventory 상품재고 목록 참고 directory 인명부
명 essayist 수필가 참고 review 평론 참고 essay test 논술고사

★★★★☆ _0787

identification [aidèntəfikéiʃən] 1. ⓝ 식별, 동일함 2. ⓝ 신분 증명서

» the identification of a drowned body 익사체의 신원 확인
» an identification card 신분증 (ID 카드)

★★★★☆ _0788

disposal [dispóuzəl] 1. ⓝ 배치, 배열 2. ⓝ 처리, 처분

» the disposal of troops 군대의 배치
» disposal of garbage 쓰레기 처리

동 identify 동일함을 확인하다 명 identity 동일성 형 identical 동일한
동 dispose 처리하다 명 disposition 배열 비슷 arrangement 배열

★★★★☆ _0789

adventure [ədvéntʃər] ⓝ 모험, 모험심

» bold adventures 대담한 모험
» the Adventures of Robinson Crusoe 로빈슨 크루소 표류기

★★★☆☆ _0790

cupboard [kʌ́bərd] ⓝ 찬장, 벽장

» empty cupboard 빈 찬장 (먹을 것이 없는)
» a skeleton in the cupboard 집안의 비밀

비슷 danger 위험	비슷 risk 위험	비슷 peril 위험
비슷 sideboard 찬장	참고 cabinet 장식장	참고 shelf 선반

★★★★☆ _0791

prominent [prámənənt] ⓐ 눈에 띄는, 탁월한

» a prominent writer 탁월한 작가
» a prominent nose 높은 코

★★★☆☆ _0792

elite [eilíːt] 1. ⓝ 선택된 사람, 정예, 엘리트 2. ⓐ 정선된, 우량의

» the elite of society 사회의 명사들
» a gathering of the elite 엘리트들의 모임

비슷 famous 유명한	비슷 outstanding 눈에 띄는	비슷 remarkable 현저한
비슷 chosen 선택된	비슷 elect 선택된	비슷 privileged 특권이 있는

★★☆☆☆ _0793

heel [hiːl] ⓝ 발뒤꿈치, 뒤축

» from head to heel 머리끝에서 발끝까지
» high-heeled shoes 뒤꿈치가 높은 구두

★★★★★ _0794

delicate [délikət] 1. ⓐ 섬세한, 우아한 2. ⓐ 미묘한

» a soft and delicate hand 부드럽고 섬세한 손
» a delicate difference 미묘한 차이

형 heeled 뒤꿈치가 있는 | 참고 foot 발 | 참고 toe 발가락
명 delicacy 미묘함 | 형 delicious 아주 맛있는 | 비슷 exquisite 정교한

★★★★★ _0795

plead [pliːd] 1. ⓥ 변호하다 2. ⓥ 탄원하다

» plead a case 사건을 변호하다
» plead with the judge for mercy 판사에게 선처를 빌다

★★★★☆ _0796

hostility [hastíləti] ⓝ 적의, 적개심

» a look of hostility 적의 있는 눈초리
» show hostility against him 그에게 적의를 보이다

명 plea 간청 | 형 pleading 간청하는 | 비슷 appeal 간청하다
형 hostile 적대적인 | 비슷 enmity 적개심 | 반대 friendship 우호적임

★★★★★ _0797

sue [suː]

1. ⓥ 소송을 제기하다, 고소하다
2. ⓥ 청구하다

» sue for divorce 이혼 소송을 제기하다
» sue for peace 화평을 청하다

★★★★☆ _0798

moral [mɔ́(ː)rəl] ⓐ 도덕의, 윤리의

» a moral question 도덕상의 문제
» observe public morals 공중 도덕을 지키다

명 suit 소송	비슷 accuse 고소하다	비슷 petition 청원하다
부 morally 도덕적으로	비슷 ethical 도덕의	반대 immoral 부도덕한

★★★☆☆ _0799

great [greit] ⓐ 큰, 대단한

» a great quantity of water 다량의 물
» a great figure in politics 정치계의 큰 인물

★★★★★ _0800

efficient [ifíʃənt] ⓐ 능률적인, 유능한

» efficient management 효율적인 경영
» a highly efficient machine 고성능의 기계

비슷 big 큰	비슷 important 중요한	반대 little 작은
명 efficiency 능률	비슷 effective 효과적인	비슷 able 유능한

Review Test 8

1 다음 각 단어의 알맞은 뜻을 연결하시오.

1. grateful	재능
2. bitter	쓰레기
3. talent	졸업하다
4. rubbish	맛이 쓴
5. frighten	감사하는
6. graduate	특성을 나타내다
7. magnificent	시민
8. efficient	웅장한
9. civilian	능률적인
10. characterize	깜짝 놀라게 하다

» **Answers**

1. 감사하는 **2**. 맛이 쓴 **3**. 재능 **4**. 쓰레기 **5**. 깜짝 놀라게 하다
6. 졸업하다 **7**. 웅장한 **8**. 능률적인 **9**. 시민 **10**. 특성을 나타내다

2 다음 빈칸에 알맞은 단어를 보기에서 골라 쓰시오.

pretend	disposal	found	contest
tragedies	polish	plead	morals

1. _________ to take a nap
   졸고 있는 체하다
2. _________ a school
   학교를 설립하다
3. a beauty _________
   미인대회
4. observe public _________
   공중도덕을 지키다
5. _________ furniture
   가구를 닦다
6. _________ of garbage
   쓰레기 처리
7. Shakespeare's four _________
   셰익스피어의 4대 비극
8. _________ a case
   사건을 변호하다

» **Answers**

1. pretend **2**. found **3**. contest **4**. morals **5**. polish
6. disposal **7**. tragedies **8**. plead

3 다음 빈칸에 알맞은 단어를 보기에서 골라 쓰시오.

identification	froze	impressed
dare	praise	prominent

1. It ________ hard last night.
어젯밤 얼음이 꽁꽁 얼었다.

2. What movie has ________ you the most?
어떤 영화가 가장 인상 깊었어?

3. Don't spoil a child by ________ .
아이를 칭찬하여 버릇없게 만들지 마세요.

4. What's the ________ building near it?
그 근처에서 눈에 띄는 건물은 무엇입니까?

5. Do you have any ________ ?
신분증명서를 가지고 계신가요?

6. How ________ you say that to me?
어떻게 감히 내게 그런 말을 하니?

» **Answers**

1. froze **2**. impressed **3**. praise **4**. prominent **5**. identification **6**. dare

4 다음 표시된 말의 알맞은 해석을 쓰시오.

1. similarity and difference

   ____

2. instruct the young

   ____

3. require treatment in hospital

   ____

4. domestic happiness

   ____

5. This food has a nasty smell, but it's delicious.

   ____

6. discuss the affairs of a nation

   ____

7. a soft and delicate hand

   ____

8. a law of nature

   ____

» **Answers**

1. 비슷한 점 **2**. 가르치다 **3**. 필요하다 **4**. 가정의 **5**. 나쁜
6. 상의하다 **7**. 섬세한 **8**. 자연

Chapter 9

헷갈리기 쉬운 발음 · 철자

PREVIEW

- ☐ half
- ☐ fantastic
- ☐ foreign
- ☐ doubt
- ☐ subtle
- ☐ clothes
- ☐ debt
- ☐ bomb
- ☐ enemy
- ☐ schedule
- ☐ behalf
- ☐ muscle
- ☐ calm
- ☐ dew
- ☐ curtain
- ☐ ceiling
- ☐ municipal
- ☐ wrap
- ☐ career
- ☐ sword
- ☐ handsome
- ☐ bureau
- ☐ drawer
- ☐ palm
- ☐ quarter
- ☐ wipe
- ☐ bury
- ☐ unite
- ☐ castle
- ☐ dye
- ☐ female
- ☐ scissors
- ☐ fiancee
- ☐ knife
- ☐ tomb
- ☐ knock
- ☐ marathon
- ☐ fertile
- ☐ sign
- ☐ beneath
- ☐ unusual
- ☐ farmer
- ☐ heaven
- ☐ applaud
- ☐ avenue
- ☐ dumb
- ☐ threaten
- ☐ honest
- ☐ stomach
- ☐ sweat
- ☐ receive
- ☐ committee
- ☐ doctor
- ☐ conscious
- ☐ separate
- ☐ knowledge
- ☐ enormous
- ☐ address
- ☐ campaign
- ☐ immediately
- ☐ challenge
- ☐ intellectual
- ☐ beginning
- ☐ opposite
- ☐ bucket
- ☐ calendar
- ☐ fortunate
- ☐ barrel
- ☐ column
- ☐ autumn
- ☐ annual
- ☐ guarantee
- ☐ etiquette
- ☐ medicine
- ☐ sponsor
- ☐ missile
- ☐ desperate
- ☐ seize
- ☐ disappoint
- ☐ bargain
- ☐ accommodate
- ☐ rhythm
- ☐ potential
- ☐ cliff
- ☐ scheme
- ☐ acre
- ☐ champagne
- ☐ accessory
- ☐ cousin
- ☐ knee
- ☐ fasten
- ☐ existence
- ☐ absence
- ☐ disappear
- ☐ originally
- ☐ available
- ☐ essential
- ☐ grammar
- ☐ Wednesday
- ☐ arrange

★★★★☆ _0801

half

[hæf]

1. ⓐ 절반의
2. ⓝ 반, 1/2

» half an hour 30분
» two hours and a half 두 시간 반

★★★★☆ _0802

fantastic

[fæntǽstik]

ⓐ 공상적인, 환상적인

» a fantastic story 꿈같은 이야기
» a fantastic imagination 환상적인 상상력

❑ The two sisters each received half of the money.
두 자매는 그 돈을 절반씩 받았다.

❑ The rocks was changed into fantastic forms.
바위가 기이한 형태로 변화되었다.

참고 quarter 4분의 1	참고 whole 전체의	참고 rest 나머지
명 fantasy 공상	비슷 strange 이상한	비슷 odd 이상한

★★★★★ _0803

foreign

[fɔ́(ː)rin]

ⓐ 외국의, 외래의

» a foreign country 외국
» a foreign language 외국어

★★★★★ _0804

doubt

[daut]

1. ⓥ 의심하다, 수상히 여기다
2. ⓝ 의심, 회의

» without doubt 의심 없이
» doubt the true worth 진가를 의심하다

❑ I often travel to foreign countries.
나는 종종 외국으로 여행을 간다.

❑ I doubt that she will come.
난 그녀가 올지 의심스럽다.

명 foreigner 외국인	비슷 oversea 해외의	반대 domestic 국내의
형 doubtful 의심이 많은	비슷 suspect 의심하다	반대 believe 믿다

★★★★☆ _0805

subtle

[sʌ́tl]

ⓐ 미묘한, 희미한

» a subtle smile 희미한 미소
» a subtle distinction 미묘한 구별

★★★☆☆ _0806

clothes

[klouðz]

ⓝ 옷, 의복

» a suit of clothes 옷 한 벌
» put on my clothes 옷을 입다

❑ Her subtle smile made me nervous.
그녀의 미묘한 웃음 때문에 나는 당황했다.

❑ Whose clothes are these?
이 옷들은 누구 것입니까?

비슷 faint 희미한	비슷 delicate 미묘한	비슷 thin 얇은
비슷 clothing 의류	비슷 dress 옷	비슷 garment 의류

★★★★☆ _0807

debt

[det]

ⓝ 빚, 부채

» a debt of five dollars 5달러의 빚
» pay off debts 빚을 갚다

★★★☆☆ _0808

bomb

[bɑm]

ⓝ 폭탄, 수류탄

» an atomic bomb 원자폭탄
» drop a bomb 폭탄을 투하하다

❑ Her debts are more than she can pay.
그녀의 빚은 그녀가 버는 것보다 많다.

❑ We have to check this bomb.
우리는 이 폭탄을 조사해야 한다.

반대 savings 저축	참고 loan 대부	참고 credit 신용
명 bomber 폭격기	비슷 explosive 폭약	참고 explode 폭발하다

★★★★☆ _0809

enemy

[énəmi]

ⓝ 적, 원수

» natural enemy 천적(天敵)
» attack the enemy 적을 공격하다

★★★★☆ _0810

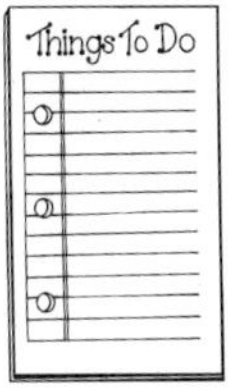

schedule

[skédʒu(:)l]

ⓝ 시간표, 일정

» a class schedule 수업 시간표
» arrive on schedule 제시간에 도착하다

❏ At least I knew that they were our enemy.
난 적어도 그들이 우리의 적이라는 것을 알았다.

❏ She has a very busy schedule today.
그녀는 오늘 일정이 아주 바쁘다.

비슷 foe 적	반대 ally 동맹국	반대 friend 친구
비슷 program 계획표	비슷 timetable 시간표	참고 plan 계획

★★★★☆ _0811

behalf

[biháef]

ⓝ 자기편, 이익

» act in behalf of~ ~를 대신하여 일하다
» on behalf of the team 팀을 대표하여

★★★☆☆ _0812

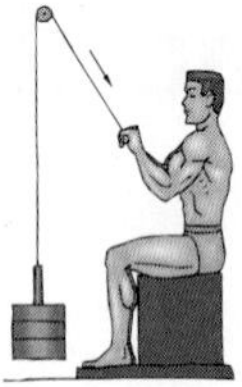

muscle

[mʌ́səl]

ⓝ 근육, 완력

» strong muscles 억센 근육
» a man of muscle 힘이 센 사람

❑ Cindy spoke in my behalf.
신디가 나의 입장을 대변해서 말했다.

❑ I injured the muscles of my arm lifting a heavy weight.
나는 무거운 역기를 들다가 팔 근육을 다쳤다.

비슷 benefit 이익　비슷 side 측, 편　비슷 support 지지
비슷 power 힘　비슷 might 힘　참고 physical 육체의

★★★★☆ _0813

calm

[kɑːm]

ⓐ 고요한, 평온한

» a calm sea 고요한 바다
» the land of the morning calm 고요한 아침의 나라

★★★☆☆ _0814

dew

[djuː]

ⓝ 이슬

» a morning dew 아침이슬
» drops of dew 이슬방울

❑ Sam spoke in a calm voice.
샘은 조용한 목소리로 말했다.

❑ Look at the dew on the grass.
초원 위의 이슬을 봐라.

부 calmly 고요히	비슷 quiet 조용한	비슷 serene 고요한
참고 fog 안개	참고 rain 비	참고 due 예정인

★★☆☆☆ _0815

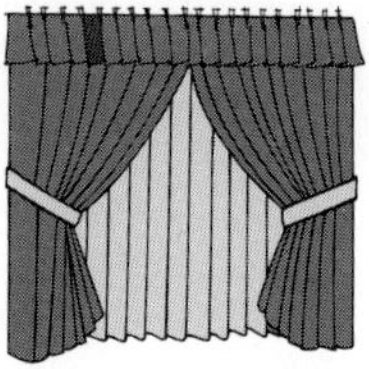

curtain

[kə́:rtən]

ⓝ 커튼, 휘장

» draw a curtain 커튼을 치다
» behind the curtain 배후에서

★★★☆☆ _0816

ceiling

[sí:liŋ]

ⓝ 천장, 상한

» a fly on the ceiling 천장의 파리
» a room with a low ceiling 천장이 낮은 방

❑ Mother made curtains for the bedroom windows.
어머니는 침실 창문에 걸어 둘 커튼을 만들었다.

❑ How high is that ceiling?
저 천장의 높이는 얼마나 되니?

비슷 screen 병풍, 휘장 | 참고 blind 블라인드 | 참고 act 막
반대 floor 마루 | 반대 bottom 바닥 | 참고 roof 지붕

★★★☆☆ _0817

municipal

[mjuːnísəpəl]

ⓐ 시의, 자치도시의

» a municipal officer 시청 직원
» municipal engineering 도시 공학

★★★★☆ _0818

wrap

[ræp]

ⓥ 싸다, 두르다

» wrap a baby in a blanket 아기를 담요로 싸다
» a book wrapped in paper 종이로 싼 책

❑ The hospital is maintained at municipal expense.
그 병원은 시 예산으로 운영되고 있다.

❑ The mountain peak is wrapped in mist.
산꼭대기가 안개에 싸였다.

비슷 urban 도시의	참고 city 도시	참고 town 도시
비슷 envelop 싸다	참고 surround 둘러싸다	참고 wind 감다

★★★★☆ _0819

career

[kəríər]

ⓝ 경력, 직업

» career woman 직장 여성
» a career in law 법률가로서의 경력

★★★☆☆ _0820

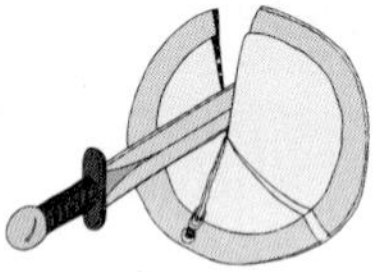

sword

[sɔːrd]

ⓝ 칼, 무력

» a sharp sword 날카로운 칼
» rule the nation by the sword 무력으로 나라를 다스리다

- Mr. Kim began his career as a traditional Korean dancer.
  김씨는 한국고전 무용수로서 경력을 쌓아가기 시작했다.
- The pen is mightier than the sword.
  문(文)은 무(武)보다 강하다.

비슷 job 직업 비슷 occupation 업무 비슷 profession (전문직) 직업
비슷 knife 칼 비슷 arms 무기 참고 gun 총

★★★☆☆ _0821

handsome

[hǽnsəm]

ⓐ 잘생긴, 풍채 좋은

» a handsome young man 잘생긴 청년
» a handsome income 꽤 괜찮은 수입

★★★☆☆ _0822

bureau

[bjúərou]

ⓝ 사무소, (관청의) 국

» a bureau of information 안내소
» travel bureau 관광청

❏ Tony was handsomer than anybody I'd ever met.
토니는 그 때까지 내가 만난 그 누구보다도 미남이었다.

❏ Have you contacted the bureau?
그 사무소에 연락했어?

비슷 nice-looking 잘생긴	반대 ugly 추한	참고 beautiful 아름다운
비슷 office 사무소	비슷 department 부	참고 section 과

★★★☆☆ _0823

drawer

[drɔ́ːər]

ⓝ 서랍

» a deep drawer 긴 서랍
» lock a drawer 서랍을 잠그다

★★★☆☆ _0824

palm

[pɑːm]

ⓝ 손바닥

» the lines of the palm 손금
» read one's palm 손금을 보다

❑ Mother opened the drawer and took out a spoon.
어머니는 서랍을 열어 스푼을 꺼냈다.

❑ Susan examined my palm carefully.
수잔은 내 손바닥을 유심히 관찰했다.

동 draw 끌다	참고 cupboard 찬장	참고 closet 벽장
참고 fist 주먹	참고 sole 발바닥	참고 arm 팔

★★★★★ _0825

quarter

[kwɔ́ːrtər]

1. ⓝ 1/4, 15분
2. ⓝ 분기, 학기

» a quarter to six 6시 15분 전
» a kilometer and a quarter 1킬로미터와 1/4

★★★★☆ _0826

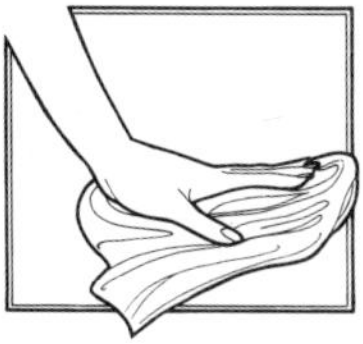

wipe

[waip]

ⓥ 닦다, 닦아내다

» wipe the blackboard 칠판을 닦다
» wipe a desk with a cloth 걸레로 책상을 닦다

❑ School begins at a quarter after eight.
학교는 8시 15분에 시작한다.

❑ She wiped her tears away and made up her face.
그녀는 눈물을 닦고 화장을 고쳤다.

비슷 a fourth 1/4	참고 term 학기	참고 headquarters 본부
비슷 wash 씻다	참고 brush 솔질하다	참고 polish 윤내다

★★★★☆ _0827

bury

[béri]

ⓥ 묻다, 매장하다

» bury a body 시신을 묻다
» bury treasure under the ground 보물을 땅속에 묻다

★★★★★ _0828

unite

[juːnáit]

ⓥ 결합하다, 하나가 되다

» unite into one 합쳐서 하나가 되다
» unite one thing with another 하나를 다른 것과 합치다

❑ Laura was buried next to her husband.
로라는 남편 곁에 묻혔다.

❑ The only way is to unite and fight.
유일한 길은 단결하여 싸우는 것이다.

명 burial 매장	참고 conceal 감추다	참고 hide 감추다
명 unity 통일	명 union 결합	비슷 join 결합하다

★★★☆☆ _0829

castle

[kǽsl]

ⓝ 성, 대저택

» a sand castle 모래성
» construct a castle 성을 건축하다

★★★☆☆ _0830

dye

[dai]

1. ⓝ 염료, 물감
2. ⓥ 물들이다, 염색하다

» black dye 검정 물감
» dye a cloth red 천을 붉게 물들이다

❏ The man once lived in that mountain castle.
그 남자는 한때 저 산성에서 살았다.

❏ I'd rather dye my hair than wear a wig.
가발을 쓰느니 차라리 염색을 하겠다.

비슷 fortress 요새	비슷 mansion 대저택	비슷 villa 별장
참고 color 색깔	참고 tint 엷은 빛깔	참고 wig 가발

★★★★★ _0831

female

[fíːmeil]

ⓐ 여성의

» a female girl 여자 아이
» the female power 여성의 힘

★★★☆☆ _0832

scissors

[sízərz]

ⓝ 가위

» a pair of scissors 가위 한 자루
» cut material with scissors 가위로 옷감을 베다

❏ This room is for female students only.
이 방은 여학생 전용이다.

❏ In one hand, she's holding her scissors.
그녀는 한 손에 가위를 쥐고 있다.

비슷 feminine 여성적인	반대 male 남성의	참고 woman 여성
참고 needle 바늘	참고 thread 실	참고 knife 칼

★★★☆☆ _0833

fiancee

[fìːɑːnséi]

ⓝ 약혼녀

» fiance and fiancee 약혼자와 약혼녀
» my beautiful fiancee 나의 아름다운 약혼녀

★★★☆☆ _0834

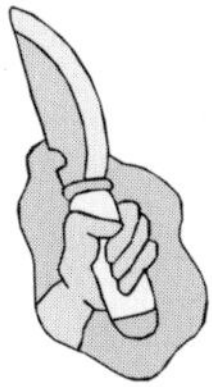

knife

[naif]

ⓝ 칼, 식칼

» a sharp knife 날카로운 칼
» cut with a knife 칼로 자르다

❏ I would like you to meet my fiancee.
네가 내 약혼자를 만나 봤으면 좋겠어.

❏ I got cut on the finger with a knife.
나는 칼에 손가락을 베었다.

반대 fiance 약혼자	참고 engagement 약혼	참고 marriage 결혼
비슷 sword 검	참고 blade 칼날	참고 fork 포크

★★★★☆ _0835

tomb

[tuːm]

ⓝ 무덤

» an old tomb 고분
» the tomb of an unknown soldier 무명 전사의 묘

★★★★☆ _0836

knock

[nɑk]

ⓥ 두드리다, 때리다

» knock on a door 문을 두드리다
» knock into a table 테이블에 부딪히다

❑ This is the tomb of Sir Richard.
이곳은 리처드 경의 무덤입니다.

❑ Sam heard someone knocking on the door.
샘은 누군가 문을 두드리는 소리를 들었다.

명 tombstone 묘지석 | 비슷 grave 무덤 | 참고 dome 둥근 지붕
비슷 hit 치다 | 비슷 beat 치다 | 비슷 strike 때리다

★★★☆☆ _0837

marathon

[mǽrəθɑ̀n]

ⓝ 마라톤 경주

» Boston Marathon 보스턴 마라톤
» a marathon runner 마라톤 선수

★★★★☆ _0838

fertile

[fə́ːrtl]

ⓐ 비옥한, 풍작의

» fertile soil 비옥한 토지
» fertile in wheat 밀이 잘 되는

❑ The last game of Olympics is marathon.
올림픽의 마지막 시합은 마라톤이다.

❑ The land is very fertile.
그 땅은 아주 비옥하다.

명 marathoner 마라톤 주자 참고 runner 달리는 사람 참고 race 경주
비슷 productive 생산적인 반대 barren 불모의 참고 abundant 풍부한

★★★☆☆ _0839

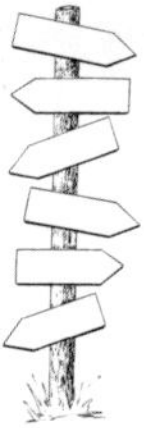

sign

[sain]

ⓝ 기호, 표시

» a store sign 상점 간판
» speak by signs 손짓으로 말하다

★★★★☆ _0840

beneath

[biníːθ]

prep. ~의 밑에

» beneath one's head 머리 밑에
» beneath the same roof 한 지붕 아래서

❑ Do you see the subway sign over there?
저기 지하철 표지판이 보이죠?

❑ He lay with his hand beneath his head.
그는 팔베개를 하고 드러누워 있었다.

명 signature 서명	비슷 mark 표시	참고 autograph 서명
참고 below ~보다 아래에	참고 above ~보다 위에	참고 down 아래에

★★★★☆ _0841

unusual

[ʌnjúːʒuəl]

ⓐ 보통이 아닌, 비범한

» an unusual hobby 유별난 취미
» a writer of unusual talent 재주가 비범한 작가

★★★☆☆ _0842

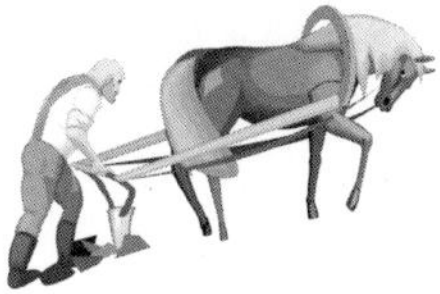

farmer

[fάːrmər]

ⓝ 농부, 농장주

» an innocent farmer 순진한 농민
» farmers who grow rice 벼를 재배하는 농민

❑ Your hair-style is very unusual.
당신의 헤어스타일은 꽤 별나군요.

❑ Most of the people of this village are farmers.
이 동네 사람들은 거의 대부분 농민이다.

비슷 uncommon 흔치 않은 비슷 remarkable 비범한 반대 usual 평범한
명 farm 농장 비슷 peasant 농부 참고 agriculture 농업

★★★★☆ _0843

heaven

[hévən]

ⓝ 하늘, 천국

» a heaven on earth 지상의 천국
» be punished by heaven 천벌을 받다

★★★★☆ _0844

applaud

[əplɔ́:d]

ⓥ 박수 갈채하다, 성원하다

» clap and applaud 박수치며 갈채하다
» the audience applaud 관중이 갈채를 보내다

❑ The mind of the people is the mind of heaven.
민심이 곧 천심이다.

❑ The people applauded the politician's act of courage.
국민들은 그 정치인의 용기 있는 행동에 갈채를 보냈다.

형 heavenly 천국의	비슷 sky 하늘	반대 hell 지옥
명 applause 박수 갈채	비슷 cheer 응원하다	비슷 praise 칭찬하다

★★★☆☆ _0845

avenue

[ǽvənjùː]

ⓝ 큰길, 대로

» an avenue to success 성공으로 가는 길
» a store in the avenue 도로변에 있는 상점

★★★☆☆ _0846

dumb

[dʌm]

ⓐ 말 못하는, 벙어리의

» dumb movies 무성영화
» deaf and dumb children 농아 아이들

❑ There is a long avenue of trees.
그곳에는 가로수가 길게 펼쳐져 있다.

❑ The deaf and dumb talks in sign language.
농아자는 수화로 대화한다.

비슷 street 도로	비슷 road 길	비슷 way 길
비슷 mute 무언의	참고 silent 침묵한	참고 deaf 귀먹은

★★★★☆ _0847

threaten

[θrétn]

ⓥ 위협하다, 협박하다

» a threatening attitude 위협적인 태도
» threaten the national existence 국가의 존립을 위협하다

★★★★★ _0848

honest

[ánist]

ⓐ 정직한, 솔직한

» an honest mind 정직한 마음
» pursue an honest career 바른길을 추구하다

❑ There are many issues which threaten the peace of the world.
세계 평화를 위협하는 문제들이 많이 있다.

❑ I believe that the honest will win in the long run.
나는 정직한 사람이 결국 이긴다고 믿는다.

명 threat 위협	참고 rob 강탈하다	참고 terror 공포
명 honesty 정직	비슷 upright 바른	반대 false 거짓의

★★★☆☆ _0849

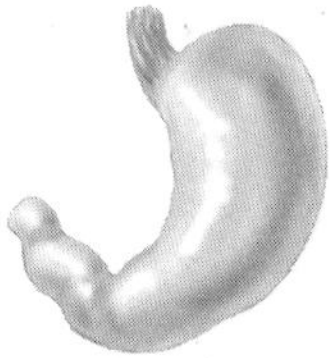

stomach

[stʌ́mək]

ⓝ 위, 위장

» a strong stomach 튼튼한 위
» suffer from a stomach trouble 위장병을 앓다

★★★★☆ _0850

sweat

[swet]

1. ⓝ 땀
2. ⓥ 땀흘리다

» cold sweat 식은땀
» sweat hard in pain 아파서 진땀을 흘리다

- [ ] I feel a pain in my stomach.
  배가 아프다.

- [ ] Man must live by the sweat of his brow.
  사람은 이마에 땀흘려서 먹고살아야 한다.

참고 stomachache 배탈	참고 belly 배	참고 lung 폐
참고 tear 눈물	참고 chill 오한	참고 fever 열

★★★★★ _0851

receive

[risíːv]

ⓥ 받다, 받아들이다

» receive a good education 좋은 교육을 받다
» receive my father's consent 아버지의 동의를 얻다

★★★★★ _0852

committee

[kəmíti]

ⓝ 위원회

» organize a committee 위원회를 구성하다
» sit on a committee 위원회에 참석하다

❏ We've just received a message.
우리는 방금 메시지를 받았다.

❏ I attended the investigating committee.
나는 그 조사위원회에 참석했다.

명 receipt 영수증	명 reception 환영회	비슷 accept 받아들이다
동 commit 위임하다	명 commission 위임	비슷 board 위원회

★★★☆☆ _0853

doctor

[dάktər]

ⓝ 박사, 의사

» consult a doctor 의사의 진찰을 받다
» send for a doctor 의사를 부르러 보내다

★★★★☆ _0854

conscious

[kάnʃəs]

ⓐ 의식하고 있는, 의식이 있는

» a conscious smile 의도적인 웃음
» be conscious of God 신을 의식하다

❑ Julie, you should see a doctor.
줄리, 당신은 의사의 진찰을 좀 받아야겠는데요.

❑ He isn't conscious of his own folly.
그는 그의 어리석음을 깨닫지 못하고 있다.

비슷 surgeon 외과 의사 비슷 physician 내과 의사 참고 master 석사
명 consciousness 의식 비슷 aware 알고 있는 비슷 knowing 알고 있는

★★★★★ _0855

separate

[sépərèit]

1. ⓥ 분리하다, 떼어놓다
2. ⓐ 개별적인, 따로따로의

» separate the pair of lovers 두 연인을 갈라놓다
» live in a separate room 각자 다른 방을 쓰다

★★★★☆ _0856

knowledge

[nálidʒ]

ⓝ 지식, 학식

» a deep knowledge 심오한 지식
» a man of knowledge and virtue 지와 덕을 갖춘 사람

❑ They had separate checks.
그들은 각각 계산했다.

❑ He has a good knowledge of English.
그는 영어에 대해 충분히 알고 있다.

명 separation 분리	비슷 divide 나누다	반대 join 합치다
동 know 알다	비슷 information 정보	참고 learning 학습

★★★★☆ _0857

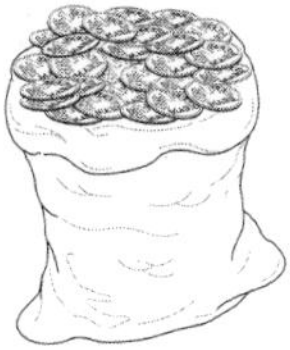

enormous

[inɔ́ːrməs]

ⓐ 거대한, 막대한

» an enormous expense 막대한 비용
» build an enormous house 엄청나게 큰 집을 짓다

★★★★☆ _0858

address

[ədrés]

1. ⓝ 주소
2. ⓝ 인사말, 연설

» home address 집 주소
» give an opening address 개회사를 하다

❑ We suffered an enormous loss from the flood last year.
지난해 우리는 홍수로 막대한 손실을 입었다.

❑ To what address shall I deliver this package?
이 소포를 어느 주소로 보낼까?

비슷 great 큰　비슷 huge 거대한　비슷 immense 거대한
비슷 greeting 인사말　비슷 speech 연설　참고 zip code 우편번호

★★★☆☆ _0859

campaign

[kæmpéin]

ⓝ 캠페인, 운동, 선거유세

» the sales campaign 판매촉진 운동
» an election campaign 선거 운동

★★★★☆ _0860

immediately

[imíːdiitli]

1. *ad*. 곧, 즉시
2. *ad*. 직접적으로

» come back immediately 금방 돌아오다
» immediately after the war 전쟁 직후

❑ Rumors have clouded his entire campaign.
소문이 그의 유세 전반에 악영향을 끼쳤다.

❑ I'll contact the local police immediately.
나는 즉시 그 지역 경찰서에 연락할 것이다.

비슷 movement 운동 참고 demonstration 시위 참고 exercise (신체) 운동
비슷 at once 즉각 비슷 directly 직접적으로 참고 later 나중에

★★★★☆ _0861

challenge

[tʃǽlindʒ]

1. ⓝ 도전
2. ⓥ 도전하다

» accept a challenge 도전에 응하다
» challenge for championship 챔피언에 도전하다

★★★★☆ _0862

intellectual

[ìntəléktʃuəl]

1. ⓐ 지적인, 지식의
2. ⓝ 지식인

» intellectual life 지적인 삶
» the ten intellectuals of Korea 한국의 지성 10인

❑ She challenged our father's authority.
그녀는 우리 아버지의 권위에 도전하였다.

❑ The movie star lacks intellectual beauty.
그 영화배우는 지적인 아름다움이 없다.

명 challenger 도전자 · 비슷 claim 신청하다 · 비슷 try 시도하다
비슷 intelligent 총명한 · 반대 physical 육체의 · 참고 mental 마음의

★★★☆☆ _0863

beginning

[biɡíniŋ]

ⓝ 처음, 시작, 초기

» in the beginning 처음에
» the beginnings of science 과학의 초기

★★★★☆ _0864

opposite

[ápəzit]

ⓐ 정반대의, 맞은편의

» on the opposite side 반대쪽에
» sit opposite the table 책상을 보고 앉다

❑ In the beginning, all babies are alike.
처음에는 모든 아기들이 비슷비슷하다.

❑ The post office stands opposite to the fire station.
우체국은 소방서 맞은편에 있다.

동 begin 시작하다	비슷 start 시작	반대 end 끝
동 oppose 반대하다	명 opposition 반대	비슷 contrary 반대의

★★★☆☆ _0865

bucket

[bʌ́kit]

ⓝ 양동이, 바가지

» a bucket of sand 한 바가지의 모래
» the rainwater in the bucket 양동이에 담긴 빗물

★★★☆☆ _0866

calendar

[kǽləndər]

ⓝ 달력, 연중 행사표

» a desk calendar 탁상용 달력
» a university calendar 대학 학사일정

❑ I threw buckets of water at the car.
나는 양동이로 몇 차례 차에 물을 끼얹었다.

❑ There's a calendar in the back of this diary.
이 다이어리 뒤에는 달력이 있다.

비슷 pail 들통	참고 vessel 용기	참고 container 그릇
비슷 schedule 예정표	참고 yearbook 연감	참고 catalog 카탈로그

★★★★★ _0867

fortunate

[fɔ́ːrtʃənit]

ⓐ 행운의, 운 좋은

» a fortunate person 운 좋은 사람
» many fortunate circumstances 여러 다행스런 상황

★★☆☆☆ _0868

barrel

[bǽrəl]

ⓝ 배럴, 한 통

» a barrel of beer 맥주 한 통
» ten barrels of gasoline 휘발유 10배럴

❑ She was fortunate enough to pass the examination.
그녀는 운 좋게도 시험에 합격하였다.

❑ The crude oil was quoted at $25.96 per barrel.
그 원유는 배럴당 25.96달러로 고시되었다.

명 fortune 행운 | 형 happy 행복한 | 반대 unfortunate 불행한
참고 gallon 갤런 | 참고 quart 쿼트 | 참고 pint 파인트

★★★☆☆ _0869

column

[kɑ́ləm]

1. ⓝ 기둥, 세로줄
2. ⓝ 칼럼, (신문) 난

» a column of water 물기둥
» advertisement columns (신문) 광고란

★★★★☆ _0870

autumn

[ɔ́ːtəm]

ⓝ 가을, 추계

» autumn flowers 가을 꽃
» the autumn term 가을 학기

❑ The editor was looking for a person to write a newspaper column. 편집자는 칼럼을 쓸 사람을 구하고 있었다.

❑ They are walking across the carpet of autumn leaves. 그들은 가을 낙엽을 밟으며 걷고 있다.

명 columnist 칼럼니스트 비슷 pillar 기둥 비슷 post 기둥
비슷 fall 가을 참고 summer 여름 참고 winter 겨울

★★★★☆ _0871

annual

[ǽnjuəl]

ⓐ 1년의, 한 해 한 번의

» an annual salary 연봉
» the annual rainfall in Seoul 서울의 연 강우량

★★★★☆ _0872

guarantee

[gæ̀rəntíː]

1. ⓥ 보증하다, 보장하다
2. ⓝ 보증

» a money-back guarantee 환불 보장
» guarantee the freedom of speech
언론의 자유를 보장하다

❏ He has an annual income of thirty million won.
그는 연 3천만 원의 소득을 올린다.

❏ Wealth is no guarantee of happy life.
재산이 행복한 삶을 보장하는 것은 아니다.

부 annually 1년에 한 번씩 비슷 yearly 연 1회의 참고 monthly 한 달 한 번의
명 guaranty 보증 비슷 warrant 보증 비슷 assurance 보증

★★★☆☆ _0873

etiquette

[étikèt]

ⓝ 예의, 예절

» business etiquette 상거래 예절
» observe the rules of etiquette 에티켓을 지키다

★★★★☆ _0874

medicine

[médəsən]

ⓝ 약, 먹는 약

» take medicine 약을 먹다
» a medicine for headache 두통약

❑ It is not etiquette to do so.
그렇게 하는 것은 예의가 아니다.

❑ This medicine doesn't work very well.
이 약은 잘 듣는 편이 아니다.

비슷 manners 예절	비슷 customs 풍습	비슷 courtesy 예의
형 medical 의학의	비슷 drug 약	비슷 pill 알약

★★★☆☆ _0875

sponsor

[spánsər]

1. ⓝ 후원자, 후원업체
2. ⓥ 후원하다

» our new sponsor 우리의 새 후원자
» sponsor a pop concert 팝 콘서트를 후원하다

★★★☆☆ _0876

missile

[mísəl]

ⓝ 미사일

» a nuclear missile 핵 미사일
» fire a missile 미사일을 발사하다

❑ The bank is a major sponsor of our event.
그 은행은 우리 행사의 중요한 후원자이다.

❑ Israeli forces fired several missiles into downtown Gaza city.
이스라엘 군은 가자시의 중심가에 몇 발의 미사일을 발포했다.

비슷 supporter 지지자 　 비슷 patron 후원자 　 비슷 support 후원하다
참고 weapon 무기 　 참고 gun 대포 　 참고 rocket 로켓

★★★★★ _0877

desperate

[déspərit]

1. ⓐ 절망적인, 자포자기의
2. ⓐ 목숨을 건, 필사적인

» a desperate illness 가망이 없는 병
» make desperate efforts 필사적인 노력을 하다

★★★★★ _0878

seize

[siːz]

ⓥ 붙잡다, 체포하다

» seize him by the arm 그의 팔을 잡다
» seize a thief 도둑을 체포하다

❑ Why are they living in desperate poverty?
왜 그들은 절대 빈곤 속에서 살고 있나요?

❑ I seized the thief by the wrist.
나는 그 도둑의 손목을 잡았다.

명 despair 절망	부 desperately 필사적으로	비슷 hopeless 희망이 없는
비슷 catch 잡다	비슷 arrest 체포하다	반대 release 놓아주다

★★★★★ _0879

disappoint

[dìsəpɔ́int]

ⓥ 실망시키다, 실망하다

» a disappointing result 실망스러운 결과
» be disappointed at the news 그 뉴스에 실망하다

★★★☆☆ _0880

bargain

[báːrgin]

1. ⓝ 매매, 거래
2. ⓐ 염가의, 특가 판매하는

» conclude a bargain 흥정을 마무리하다
» a half-price bargain sale 반액판매 행사

❑ You won't be disappointed.
실망시키지 않을게요.

❑ It's more economical to buy goods on a bargain day.
할인판매 기간에 상품을 사는 것이 더 경제적이다.

명 disappointment 실망　비슷 discourage 낙담시키다　반대 fulfill 성취하다
비슷 trade 매매　비슷 deal 거래　반대 costly 고가의

★★★★☆ _0881

accommodate

[əkάmədèit]

ⓥ 편의를 제공하다, 숙박시키다

» accommodate him with a loan 그에게 돈을 빌려주다
» accommodate her for the night 그녀를 하룻밤 재워주다

★★★☆☆ _0882

rhythm

[ríðəm]

ⓝ 리듬, 율동

» dance rhythm 댄스 리듬
» the rhythm of the heart 심장의 박동

❑ The hotel can accommodate 1000 guests.
그 호텔은 천 명을 숙박시킬 수 있다.

❑ Bill has got no sense of rhythm, so he's a terrible dancer.
빌은 박자감이 전혀 없어. 그래서 춤을 정말 못 추지.

명 accommodation 편의	비슷 favor 호의를 베풀다	참고 furnish 제공하다
형 rhythmical 율동적인	참고 rhyme 운(韻)	참고 beat 박자

★★★★☆ _0883

potential

[poutén∫əl]

1. ⓐ 가능한, 잠재하는
2. ⓝ 가능성, 잠재력

» a potential genius 천재의 소질이 있는 사람
» some potential clients 몇몇 가망 고객

★★★☆☆ _0884

cliff

[klif]

ⓝ 낭떠러지, 절벽

» climb up a cliff 절벽을 기어오르다
» fall over a cliff 절벽에서 추락하다

❑ The girl has great potential as a singer.
그 소녀는 가수의 소질이 많다.

❑ Don't go too close to the edge of the cliff, you might fall.
너무 벼랑 가까이 다가가지 마라. 떨어질 수 있어.

형 potent 유력한 | 비슷 possible 가능성 있는 | 참고 hopeful 유망한
참고 rock 암벽 | 참고 valley 골짜기 | 참고 canyon 큰 협곡

★★★☆☆ _0885

scheme [skiːm] ⓝ 계획, 기획

» lay a scheme 계획을 세우다
» an outline of a scheme 계획의 개요

★★☆☆☆ _0886

acre [éikər] ⓝ 에이커, 토지

» a 400-acre farm 400에이커의 농지
» broad acres 광대한 토지

비슷 plan 계획	비슷 project 기획	비슷 design 설계
비슷 lands 토지	비슷 estate 토지	참고 field 들판

★★☆☆☆ _0887

champagne [ʃæmpéin] ⓝ 샴페인

» a champagne party 샴페인 파티
» open the champagne bottle 샴페인 병을 터뜨리다

★★★☆☆ _0888

accessory [æksésəri] ⓝ 부속품, 액세서리

» the accessories of motorcar 자동차의 부속품
» toilet accessories 화장실용품

참고 wine 포도주	참고 liquor 술	참고 drink 음료
비슷 fittings 부속품	참고 assistant 조수(助手)	참고 belonging 소유물

★★★☆☆ _0889

cousin [kʌ́zn] ⓝ 사촌

» an uncle and two cousins 삼촌과 두 사촌
» a second cousin 육촌, 재종

★★★☆☆ _0890

knee [niː] ⓝ 무릎

» sit on one's knees 무릎을 꿇고 앉다
» in my mother's knee 어머니 슬하에서

참고 uncle 숙부 참고 aunt 숙모 참고 cuisine 요리
동 kneel 무릎을 꿇다 참고 lap 윗무릎 참고 thigh 허벅지

★★★★☆ _0891

fasten [fǽsn] ⓥ 묶다, 고정시키다

» fasten seat belt 안전벨트를 매다
» fasten papers with a clip 종이를 클립으로 묶다

★★★★☆ _0892

existence [igzístəns] 1. ⓝ 존재, 실재 2. ⓝ 생존, 생활

» the existence of god 신의 존재
» the struggle for existence 생존 경쟁

비슷 bind 묶다 비슷 tie 묶다 반대 loosen 풀다
동 exist 존재하다 비슷 being 존재 참고 reality 현실

★★★★★ _0893

absence [ǽbsəns] ⓝ 부재, 결석, 결근

» during your absence 네가 없는 동안에
» an absence of seven days 7일간의 결석

★★★★★ _0894

disappear [dìsəpíər] ⓥ 사라지다, 없어지다

» disappear from sight 시야에서 사라지다
» disappear in the crowd 군중 속으로 사라지다

형 동 absent 결석한	비슷 lack 결핍	반대 presence 참석
비슷 vanish 사라지다	반대 appear 나타나다	반대 emerge 나타나다

★★★★☆ _0895

originally [ərídʒənəli] 1. *ad.* 원래, 처음에는 2. *ad.* 독창적으로, 기발하게

» a poem originally written in French 원래 프랑스어로 씌어진 시
» be originally five dollars 원 가격이 5달러이다

★★★★★ _0896

available [əvéiləbəl] ⓐ 이용할 수 있는, 유효한

» try all means available 가능한 모든 수단을 다 써보다
» available on the day of issue only 발행 당일에 한해 유효

명 origin 기원	형 original 기원의	비슷 naturally 본래
비슷 useful 유용한	비슷 effective 유효한	참고 possible 가능한

★★★★★ _0897

essential [isénʃəl] ⓐ 본질적인, 필수적인

» the essential parts 핵심요소
» essential to life 생활에 필수적인

★★★☆☆ _0898

grammar [grǽmər] ⓝ 문법, 어법

» English grammar 영문법
» violate grammar 문법에 어긋나다

명 essence 본질 | 비슷 necessary 필요한 | 반대 useless 쓸모 없는
형 grammatical 문법에 맞는 | 참고 usage 용법 | 참고 expression 표현

★★★☆☆ _0899

Wednesday [wénzdei] ⓝ 수요일

» on Wednesday morning 수요일 아침에
» a rainy Wednesday 비오는 수요일

★★★★★ _0900

arrange [əréindʒ] ⓥ 정리하다, 정돈하다

» arrange a room 방을 정돈하다
» arrange in alphabetical order 알파벳순으로 배열하다

참고 week 주 | 참고 Tuesday 화요일 | 참고 Friday 금요일
명 arrangement 배열 | 비슷 control 조절하다 | 비슷 adjust 조정하다

Review Test 9

1 다음 각 단어의 알맞은 뜻을 연결하시오.

1. enemy	분리하다
2. unusual	의식하고 있는
3. separate	적
4. fantastic	미묘한
5. conscious	공상적인
6. subtle	보통이 아닌
7. absence	박수갈채하다
8. opposite	유효한
9. applaud	결석
10. available	반대의

» **Answers**

1. 적 **2**. 보통이 아닌 **3**. 분리하다 **4**. 공상적인 **5**. 의식하고 있는
6. 미묘한 **7**. 결석 **8**. 반대의 **9**. 박수갈채하다 **10**. 유효한

2 다음 빈칸에 알맞은 단어를 보기에서 골라 쓰시오.

fasten	career	Wednesday	drawer
beginning	foreign	clothes	desperate

1. a ________ in law
   법률가로서의 경력
2. ________ seat belt
   안전벨트를 매다
3. in the ________
   처음에
4. on ________ morning
   수요일 아침에
5. lock a ________
   서랍을 잠그다
6. put on my ________
   옷을 입다
7. a ________ language
   외국어
8. make ________ efforts
   필사적인 노력을 하다

» **Answers**

1. career **2**. fasten **3**. beginning **4**. Wednesday **5**. drawer
6. clothes **7**. foreign **8**. desperate

3 다음 빈칸에 알맞은 단어를 보기에서 골라 쓰시오.

address	received	sword
fertile	female	guarantee

1. To what ________ shall I deliver this package?
   이 소포를 어느 주소로 보낼까?
2. The pen is mightier than the ________ .
   문(文)은 무(武)보다 강하다.
3. We've ________ just a message.
   우리는 방금 메시지를 받았다.
4. This room is for ________ students only.
   이 방은 여학생 전용이다.
5. The land is very ________ .
   그 땅은 아주 비옥하다.
6. Wealth is no ________ of happy life.
   재산이 행복한 삶을 보장하는 것은 아니다.

» **Answers**

1. address **2**. sword **3**. received **4**. female **5**. fertile
6. guarantee

4 다음 표시된 말의 알맞은 해석을 쓰시오.

1. black dye

____

2. Linda disappeared for a few hours.

____

3. knock on a door

____

4. a fortunate person

____

5. essential to life

____

6. You won't be disappointed.

____

7. cold sweat

____

8. a deep knowledge

____

» **Answers**

1. 물감 **2**. 사라졌다 **3**. 두드리다 **4**. 운 좋은 **5**. 필수적인
6. 실망시키다 **7**. 땀 **8**. 지식

Chapter 10

어원(語源)으로 익히는 중요단어

PREVIEW

- ☐ movement
- ☐ experiment
- ☐ proportion
- ☐ celebration
- ☐ kindness
- ☐ illness
- ☐ truth
- ☐ width
- ☐ architecture
- ☐ failure
- ☐ championship
- ☐ leadership
- ☐ assistant
- ☐ resident
- ☐ artist
- ☐ pianist
- ☐ visitor
- ☐ ancestor
- ☐ teacher
- ☐ keeper
- ☐ considerable
- ☐ suitable
- ☐ beautiful
- ☐ youthful
- ☐ conquer
- ☐ request
- ☐ undertake
- ☐ undergo
- ☐ dangerous
- ☐ nervous
- ☐ costly
- ☐ friendly
- ☐ superior
- ☐ superficial
- ☐ apologize
- ☐ organize
- ☐ automatic
- ☐ automobile
- ☐ exclaim
- ☐ expose
- ☐ enable
- ☐ enlarge
- ☐ literally
- ☐ literature
- ☐ outline
- ☐ output
- ☐ partial
- ☐ particle
- ☐ surrender
- ☐ rent
- ☐ precaution
- ☐ predict
- ☐ overcome
- ☐ overwork
- ☐ telephone
- ☐ television
- ☐ translate
- ☐ transport
- ☐ uniform
- ☐ union
- ☐ discount
- ☐ discourage
- ☐ childish
- ☐ selfish
- ☐ healthy
- ☐ wealthy
- ☐ accompany
- ☐ approach
- ☐ command
- ☐ demand
- ☐ conclude
- ☐ include
- ☐ cultivate
- ☐ agriculture
- ☐ dictate
- ☐ indicate
- ☐ forecast
- ☐ forehead
- ☐ manage
- ☐ manufacture
- ☐ forward
- ☐ upward
- ☐ compose
- ☐ confront
- ☐ attractive
- ☐ effective
- ☐ endless
- ☐ careless
- ☐ naturally
- ☐ briefly
- ☐ policy
- ☐ political
- ☐ renew
- ☐ reproduce
- ☐ unemployment
- ☐ unnecessary
- ☐ incredible
- ☐ inevitable
- ☐ mathematics
- ☐ physics

-ment

'행위, 상태'를 뜻하는 명사형 접미사. achievement(성취), agreement(협정), appointment(약속, 임명) 등이 있다.

★★★★☆ _0901

movement

[múːvmənt]

ⓝ 움직임, 운동, 동작

» women's movement 여성운동
» the movement of a dancer 무용수의 동작

★★★★☆ _0902

experiment

[ikspérəmənt]

1. ⓝ 실험
2. ⓥ 실험하다

» a chemical experiment 화학실험
» experiment on animals 동물을 상대로 실험하다

동 move 움직이다, 이동하다 | 형 moving 움직이는 | 비슷 motion 움직임
형 experimental 실험의 | 비슷 trial 실험 | 참고 laboratory 실험실

-tion

'행위, 상태'를 뜻하는 명사형 접미사. action(행동), attraction(매력), calculation(계산) 등의 단어가 있다.

★★★☆☆ _0903

proportion

[prəpɔ́ːrʃən]

1. ⓝ 비율, 비
2. ⓝ 균형, 몫

» proportion of three to one 1대 3의 비율
» sense of proportion 균형감각

★★★★☆ _0904

celebration

[sèləbréiʃən]

ⓝ 축하

» a celebration party 축하 파티
» hold a celebration 축하연을 열다

비슷 percentage 비율 참고 portion 부분 참고 part 부분
동 celebrate 축하하다 비슷 congratulation 경축 참고 anniversary 기념일

-ness

'행위, 상태'를 뜻하는 명사형 접미사. business(업무), awareness(알고 있음), weakness(약점) 등이 있다.

★★★★☆ _0905

kindness

[káindnis]

ⓝ 친절, 호의

» out of kindness 호의에서
» have the kindness to carry luggage
친절하게도 짐을 날라주다

★★★☆☆ _0906

illness

[ílnis]

ⓝ 병

» a serious illness 중병
» suffer from a long illness 지병으로 고통을 겪다

형 kind 친절한	형 kindly 상냥한	비슷 goodwill 호의
형 ill 병든	비슷 sickness 병	비슷 disease 질병

-th

'행위, 상태'를 뜻하는 명사형 접미사. growth(성장), strength(힘), wealth(부, 재산) 등의 단어가 있다.

★★★★☆ _0907

truth

[tru:θ]

ⓝ 진리, 진실

» to tell the truth 사실대로 말하면
» a universal truth 보편적인 진리

★★★☆☆ _0908

width

[widθ]

ⓝ 폭, 너비

» a river of great width 폭이 큰 강
» a painting of 3 feet in width 너비 3피트의 그림

부 truly 진실로	반대 lie 거짓말	참고 reality 현실성
형 wide 넓은	비슷 breadth 넓이	참고 broad 폭이 넓은

-ure

'행위, 상태'를 뜻하는 명사형 접미사. closure(마감, 폐쇄), culture(교양, 문화), picture(그림, 사진) 등의 단어가 있다.

★★★★☆ _0909

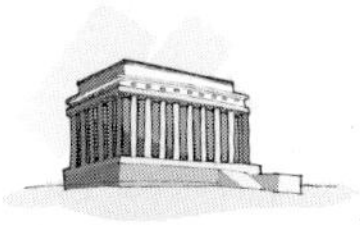

architecture

[ɑ́ːrkətèktʃər]

ⓝ 건축, 건축학

» modern architecture 근대식 건축
» Greek architecture 그리스 건축양식

★★★★☆ _0910

failure

[féiljər]

ⓝ 실패

» a failure in duty 직무 태만
» end in failure 실패로 끝나다

명 architect 건축가 | 참고 building 건물 | 참고 sculpture 조각
동 fail 실패하다 | 비슷 defeat 패배 | 반대 success 성공

-ship

'자격, 특성'을 뜻하는 명사형 접미사. ownership(소유권), membership(회원자격), friendship(우정) 등이 있다.

★★★☆☆ _0911

championship

[tʃǽmpiənʃìp]

ⓝ 선수권

» lose a championship 선수권을 잃다
» the Professional Golfers Championship
프로골프 선수권 대회

★★★★☆ _0912

leadership

[líːdərʃìp]

ⓝ 지도력, 통솔력

» leadership qualities 지도자적 자질
» have a great leadership 위대한 통솔력을 지니다

참고 champion 선수권 보유자
참고 contest 경쟁
참고 winner 우승자
동 lead 이끌다
명 leader 지도자
참고 direction 명령

-ant -ent	'사람'을 뜻하는 명사형 접미사. servant(하인), president(대통령), attendant(안내원) 등이 있다.

★★★★☆ _0913

assistant

[əsístənt]

ⓝ 조수, 도와주는 사람

» an assistant manager 부지배인
» an assistant to memory 기억을 도와주는 것

★★★★★ _0914

resident

[rézidənt]

ⓝ 거주자, 주민

» Korean residents in America 미국 거주 한국인
» the residents of the city 그 도시의 주민들

동 assist 돕다 | 명 assistance 지원 | 비슷 helper 돕는 사람
동 reside 거주하다 | 명 residence 거처 | 비슷 dweller 거주자

-ist

'사람'을 뜻하는 명사형 접미사. novelist(소설가), tourist (관광객), socialist(사회주의자) 등이 있다.

★★★★☆ _0915

artist

[ɑ́ːrtist]

ⓝ 예술가, 화가

» a professional artist 직업 예술가
» various artists 다양한 예술가들

★★★☆☆ _0916

pianist

[piǽnist]

ⓝ 피아노 연주가

» a jazz pianist 재즈 피아니스트
» Korea's leading pianists 한국의 최고 피아노 연주자들

형 artistic 예술적인
명 art 예술
참고 poet 시인
명 piano 피아노
참고 violinist 바이올린 연주자
참고 cellist 첼리스트

-or

주로 동사에 붙어 행위를 하는 '사람'을 뜻하는 명사형 접미사. possessor(소유자), operator(조작자), instructor(교사) 등의 단어가 있다.

★★★★☆ _0917

visitor

[vízitər]

ⓝ 방문객

» summer visitors 여름 피서객들
» visitor to a city for a convention
회의 참석을 위해 도시에 온 사람들

★★★★☆ _0918

ancestor

[ǽnsestər]

ⓝ 조상, 선조

» worship ancestors 조상을 모시다
» the children after the same ancestor
같은 조상을 둔 아이들

동 visit 방문하다　비슷 caller 방문객　비슷 guest 손님
비슷 grandfather 할아버지　반대 descendant 자손　참고 grandson 손자

-er

주로 동사에 붙어 그 행동의 주체인 '행위자, 물건'을 뜻하는 명사형 접미사. cutter(재단기), hunter(사냥꾼), burner(버너), holder(소유자) 등의 단어가 있다.

★★★☆☆ _0919

teacher

[tíːtʃər]

ⓝ 교사, 선생

» an English teacher 영어교사
» teacher and pupil 스승과 제자

★★★☆☆ _0920

keeper

[kíːpər]

ⓝ 파수꾼, 관리인

» a gate keeper 문지기
» a park keeper 공원 관리인

동 teach 가르치다　반대 student 학생　참고 tutor 가정교사
동 keep 보존하다　비슷 guard 감시자　참고 watch 지켜보다

-able

'~할 수 있는, ~할 만한' 등의 가능성을 뜻하는 형용사형 접미사. usable(쓸 수 있는), eatable(먹을 수 있는), lovable (사랑스러운) 등의 단어가 있다.

★★★★☆ _0921

considerable

[kənsídərəbəl]

1. ⓐ 고려해야 할, 중요한
2. ⓐ 상당한, 꽤 많은

» a considerable expense 상당한 비용
» a considerable number of people 상당히 많은 사람들

★★★★☆ _0922

suitable

[sú:təbəl]

ⓐ 적당한

» suitable to eat 식용에 적합한
» a suitable marriage partner 적절한 결혼 상대자

동 consider 고려하다 명 consideration 고려 비슷 quite a few 상당히 많은
동 suit 어울리다 비슷 fit 알맞은 비슷 proper 적당한

-ful

'가득 찬, 많은' 등의 '풍부'를 뜻하는 형용사형 접미사.
mouthful(한입 가득), forgetful(잊기 쉬운),
wonderful(놀라운) 등의 단어가 있다.

★★★☆☆ _0923

beautiful

[bjú:təfəl]

ⓐ 아름다운

» a beautiful woman 아름다운 여성
» as beautiful as an angel 천사처럼 아름다운

★★★★☆ _0924

youthful

[jú:θfəl]

ⓐ 젊은, 젊은이의

» youthful energy 젊은 에너지
» stir a youthful blood 젊은이의 피를 끓게 하다

명 beauty 아름다움	비슷 pretty 예쁜	참고 neat 산뜻한
명 youth 젊음	비슷 young 나이가 어린	반대 old 나이든

quir

'구하다(seek), 묻다(ask)'를 뜻하는 어근. 변화형으로 quer, quest가 있다. acquire(획득하다), inquire(묻다), require(필요로 하다) 등이 있다.

★★★★☆ _0925

conquer

[kάŋkər]

ⓥ 정복하다, 극복하다

» conquer Peru in 1532 1532년에 페루를 정복하다
» conquer one's fear of spiders 거미에 대한 두려움을 없애다

★★★★★ _0926

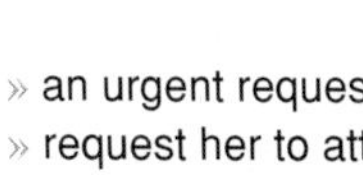

request

[rikwést]

1. ⓥ 요청하다
2. ⓝ 요청, 요구

» an urgent request 긴급한 요청
» request her to attend 그녀에게 참석하도록 요청하다

명 conquest 정복	명 conqueror 정복자	반대 surrender 항복하다
비슷 ask for 요구하다	참고 beg 간청하다	참고 require 필요로 하다

under-

'아래에(under, below)'를 뜻하는 접두사로 명사, 형용사, 동사, 부사 등을 만든다. underground(지하), understand(이해하다) 등이 있다.

★★★★☆ _0927

undertake

[ʌ̀ndərtéik]

ⓥ 떠맡다, 착수하다

» undertake a business 사업에 착수하다
» undertake a responsible post 책임 있는 자리를 떠맡다

★★★☆☆ _0928

undergo

[ʌ̀ndərgóu]

1. ⓥ 받다, 겪다
2. ⓥ 견디다

» undergo surgery 수술을 받다
» undergo all kinds of troubles 온갖 어려움을 견디다

명 undertaking 사업 비슷 take over 맡다 비슷 assume 떠맡다
비슷 experience 경험하다 비슷 endure 견디다 비슷 bear 참다

-ous

'~이 많은, ~을 닮은, ~의 특징을 가진' 등의 '성질, 성향'을 뜻하는 형용사형 접미사. perilous(위험한), numerous(다수의), humorous(익살스러운) 등의 단어가 있다.

★★★★☆ _0929

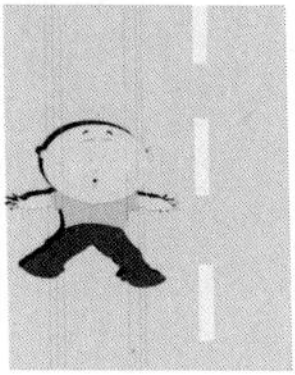

dangerous

[déindʒərəs]

ⓐ 위험한

» a dangerous man 위험 인물
» take a dangerous journey 위험한 여행을 하다

★★★☆☆ _0930

nervous

[nə́:rvəs]

1. ⓐ 신경성의, 신경질의
2. ⓐ 불안한

» nervous system 신경계
» feel nervous 안절부절 못하다

명 danger 위험	반대 safe 안전한	참고 risk 위험
명 nerve 신경	부 nervously 신경질적으로	참고 anxious 걱정하는

-ly

명사에 주로 붙어서 '~다운, ~한 성질의' 등의 '성질, 성향'을 뜻하는 형용사형 접미사. kingly(왕다운), manly(남자다운) 등의 단어가 있다.

★★★☆☆ _0931

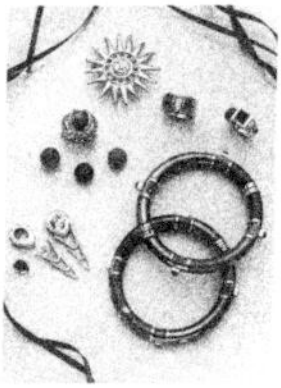

costly

[kɔ́ːstli]

ⓐ 비싼, 희생이 큰

» a costly enterprise 비용이 많이 드는 사업
» a costly mistake 희생이 큰 과실

★★★★☆ _0932

friendly

[fréndli]

ⓐ 친한, 친절한, 우호적인

» a friendly nation 우방국
» maintain friendly relations 우호 관계를 유지하다

동 cost 값이 나가다 비슷 expensive 비싼 참고 priceless 값을 매길 수 없는
비슷 kindly 다정한 비슷 sociable 사교적인 반대 unfriendly 우호적이지 않은

super-

'위에, 초월해서(above, beyond)'를 뜻하는 접두사. 변화형으로 sover, sur가 있다. superb(뛰어난), supervise(감독하다), surface(표면) 등의 단어가 있다.

★★★★☆ _0933

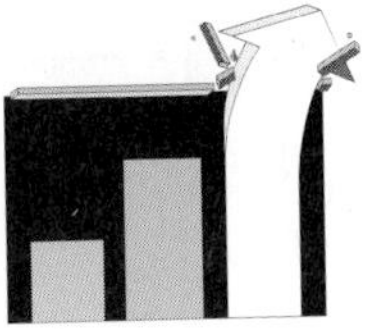

superior

[səpíəriər]

ⓐ 뛰어난, 우수한, 상위의

» superior quality 우수품질
» manners towards a superior 윗사람에 대한 예의

★★★★☆ _0934

superficial

[sùːpərfíʃəl]

ⓐ 표면의, 피상적인

» a superficial wound 외상
» a superficial knowledge 피상적인 지식

비슷 excellent 우수한	반대 inferior 하위의	참고 senior 고참의
비슷 outside 피상적인	비슷 external 외면적인	참고 surface 표면

-ize

'~을 만들다, ~화하다'를 뜻하는 동사형 접미사.
civilize(개화하다), criticize(비평하다) 등이 있다.

★★★★★ _0935

apologize

[əpάlədʒàiz]

ⓥ 사과하다, 변명하다

» apologize for oneself 변명하다
» apologize her for my rudeness
그녀에게 나의 무례함을 사과하다

★★★★★ _0936

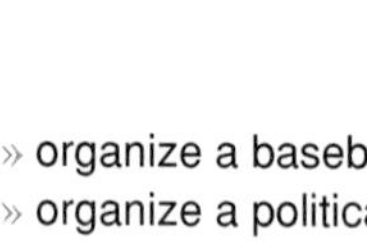

organize

[ɔ́ːrgənàiz]

ⓥ 조직하다, 구성하다

» organize a baseball team 야구팀을 만들다
» organize a political party 정당을 조직하다

명 apology 사과
명 organization 조직
참고 pardon 용서
비슷 arrange 준비하다
참고 excuse 용서하다
참고 compose 구성하다

auto-

'자신의, 독자의, 스스로'를 뜻하는 접두사.
autocracy(독재정치), autograph(자필),
autobiography(자서전) 등의 단어가 있다.

★★★★☆ _0937

automatic

[ɔ̀:təmǽtik]

ⓐ 자동적인

» an automatic door 자동문
» automatic transmission 자동변속장치

★★★★☆ _0938

automobile

[ɔ́:təməbì:l]

ⓝ 자동차

» Korea's automobile industry 한국의 자동차 산업
» America Automobile Association 미국 자동차 협회

부 automatically 자동적으로 | 반대 manual 수동의 | 참고 automation 자동화
비슷 car 자동차 | 참고 vehicle 탈것 | 참고 train 기차

ex-	'밖에, ~에서, 강조'를 뜻하는 접두사. export(수출하다), exchange(교환하다) 등의 단어가 있다.

★★★★☆ _0939

exclaim

[ikskléim]

ⓥ 외치다, 소리 지르다

» exclaim in delight 기쁨에 소리 지르다
» exclaim at the price 가격에 놀라 소리 지르다

★★★★★ _0940

expose

[ikspóuz]

ⓥ 드러내다, 노출시키다

» expose oneself to the sun 스스로 햇볕을 쬐다
» expose a top secret 1급 비밀을 폭로하다

명 exclamation 절규	비슷 cry 외치다	비슷 shout 외치다
명 exposure 노출	비슷 display 진열하다	비슷 show 보여주다

en-

'~이 되게 하다(make)'를 뜻하는 동사형 접두사. enrich(부유하게 하다), entitle(명칭을 붙이다), enclose(동봉하다) 등의 단어가 있다.

★★★★☆ _0941

enable

[enéibəl]

ⓥ ~할 수 있게 하다

» enable him to buy a new computer
그가 새 컴퓨터를 살 수 있게 하다
» enable him to know it 그것을 알 수 있도록 하다

★★★☆☆ _0942

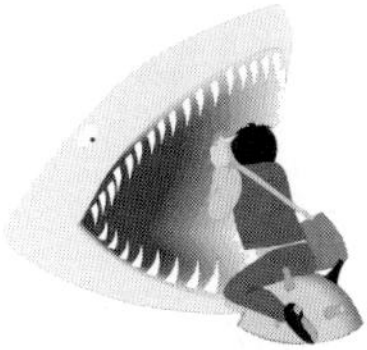

enlarge

[enlɑ́ːrdʒ]

ⓥ 크게 하다, 확장하다

» enlarge the store 점포를 확장하다
» an enlarged photograph 확대 사진

형 able 능력 있는	비슷 permit 허가하다	반대 disable 무력하게 하다
비슷 broaden 넓히다	비슷 expand 확장하다	반대 diminish 줄이다

liter-

'글자(letter)'를 뜻하는 접두사. literal(글자 그대로의), literate(읽고 쓸 줄 아는) 등의 단어가 있다.

★★★★☆ _0943

literally

[lítərəli]

1. *ad.* 글자 뜻 그대로
2. *ad.* 사실상, 완전히

» translate literally 직역하다
» literally penniless 말 그대로 무일푼의

★★★★☆ _0944

literature

[lítərətʃər]

ⓝ 문학

» English literature 영문학
» study Korean literature 한국문학을 공부하다

형 literal 글자대로의	비슷 completely 완전히	참고 actually 실지로
형 literary 문학의	참고 writer 작가	참고 poet 시인

out-

동사, 동명사, 분사에 붙어 '밖으로(outside), 능가하는(better than, more than)'을 뜻하는 접두사. outstanding(두드러진), outcome(결과) 등이 있다.

★★★☆☆ _0945

outline

[áutlàin]

1. ⓝ 윤곽, 개요
2. ⓝ 약도

» the outlines of the mountain 산의 윤곽
» the outline of a building 건물의 약도

★★★★☆ _0946

output

[áutpùt]

ⓝ 출력, 산출, 생산량

» a small output 작은 생산량
» agricultural output 농업 생산고

비슷 sketch 간략한 그림 비슷 figure 모양 참고 summary 개요
비슷 production 생산 반대 input 입력 참고 product 생산품

part

'부분(part, portion)'을 뜻하는 어근. apart(떨어져), particular(특별한) 등의 단어가 있다.

★★★☆☆ _0947

partial

[pάːrʃəl]

1. ⓐ 일부분의
2. ⓐ 불공평한, 편파적인

» partial success 부분적인 성공
» a partial opinion 편견

★★★★☆ _0948

particle

[pάːrtikl]

ⓝ 입자, 극소량

» an elementary particle 소립자
» a particle of dust 작은 먼지

부 partially 부분적으로	비슷 unfair 불공평한	반대 fair 공정한
비슷 bit 소량	비슷 spot 소량	참고 atom 원자

der

'주다(give)'를 뜻하는 어근으로 변화형에 di, t가 있다.
render(주다), add(더하다) 등의 단어가 있다.

★★★★☆ _0949

surrender

[səréndər]

ⓥ 항복하다, 포기하다

» surrender a castle 성을 내주다
» surrender to the enemy 적에게 항복하다

★★★★☆ _0950

rent

[rent]

1. ⓝ 임대료
2. ⓥ 임대하다

» pay high rent 높은 집세를 내다
» rent a house 집을 세내다

비슷 yield 굴복하다　비슷 give up 포기하다　비슷 abandon 그만두다
비슷 hire 고용하다, 빌려오다　참고 lease 임대차　참고 charter 전세

pre-

'미리, 먼저, 앞서서, 예비'를 뜻하는 접두사.
precede(앞장서다), prepay(미리 지불하다),
preschool(유치원) 등이 있다. 반대 의미의 접두사는 'post-'.

★★★☆☆ _0951

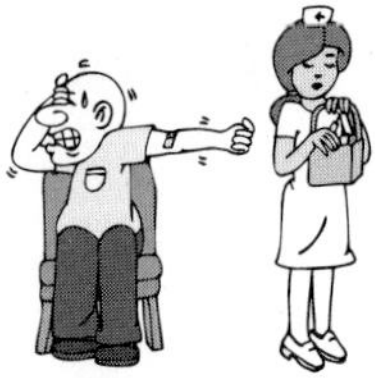

precaution

[prikɔ́ːʃən]

ⓝ 조심, 예방조치

» by way of precaution 만약을 위해
» take precautions against fire 불조심하다

★★★★☆ _0952

predict

[pridíkt]

ⓥ 예언하다, 예보하다

» predict the winning team 이길 팀을 예언하다
» predict a good harvest 풍작을 예상하다

비슷 heed 주의
명 prediction 예언
비슷 prevention 예방
비슷 foresee 예견하다
참고 risk 위험
비슷 foretell 예언하다

over-

'~너머(over), 위에(above), 과다하게'를 뜻하는 접두사.
overlook(내려다보다), overseas(해외로),
overhead(머리 위에) 등이다.

★★★★☆ _0953

overcome

[òuvərkʌ́m]

ⓥ 극복하다, 이기다

» overcome the difficulty 어려움을 이겨내다
» overcome a national crisis 국가적 위기를 극복하다

★★★☆☆ _0954

overwork

[òuvərwə́ːrk]

1. ⓥ 과로하다
2. ⓝ 과로

» overwork oneself 지나치게 일하다
» fall ill from overwork 과로로 건강을 해치다

비슷 get over 극복하다
비슷 defeat 쳐부수다
비슷 conquer 정복하다
비슷 excessive labor 과로
참고 fatigue 피로
참고 overeat 과식하다

tele-

'먼, 멀리(far off)'를 뜻하는 접두사. telepathy(텔레파시), telescope(망원경), telegram(전보) 등의 단어가 있다.

★★★☆☆ _0955

telephone

[téləfòun]

1. ⓝ 전화
2. ⓥ 전화를 걸다

» a public telephone 공중 전화
» telephone a person by long distance 장거리 전화를 걸다

★★☆☆☆ _0956

television

[téləvìʒən]

ⓝ 텔레비전

» watch the television 텔레비전을 보다
» television commercials 텔레비전 광고방송

비슷 phone 전화　비슷 call 전화를 하다　참고 fax 팩스
참고 broadcast 방송하다　참고 commercial 광고방송　참고 on air 방송 중

trans-

'이쪽에서 저쪽으로, 통과, 이동'을 뜻하는 접두사.
transform(변형하다), transfer(옮기다),
transplant(이식하다) 등의 단어가 있다.

★★★★★ _0957

translate

[trænsléit]

ⓥ 번역하다

» translate into English 영어로 번역하다
» translate Russian into Korean
러시아어를 우리말로 번역하다

★★★★★ _0958

transport

[trænspɔ́:rt]

ⓥ 수송하다, 운송하다

» transport goods by ship 화물을 배로 수송하다
» transport mail by airplane 우편물을 비행기로 나르다

명 translation 번역	명 translator 번역자	참고 interpret 통역하다
명 transportation 수송	비슷 convey 운반하다	참고 carrying 운송

uni-

'하나의, 혼자의, 단일'을 뜻하는 접두사. unique(유일한), unify(통일하다), unite(결합하다), universe(우주) 등의 단어가 있다.

★★★☆☆ _0959

uniform

[júːnəfɔ̀ːrm]

1. ⓐ 한결같은, 일정한
2. ⓝ 제복, 군복

» houses of uniform height 높이가 똑같은 집들
» a student in uniform 교복을 입은 학생

★★★★☆ _0960

union

[júːnjən]

ⓝ 결합, 연합

» a credit union 신용조합
» strengthen union 결속을 강화하다

비슷 even 균등한	참고 constant 불변의	참고 clothing 옷
비슷 association 연합	참고 unite 결합하다	참고 unity 통일

dis-	'부정(not), 반대(opposite)'를 뜻하는 접두사. disorder(무질서), disadvantage(손해), disagree (일치하지 않다) 등이 있다.

★★★☆☆ _0961

discount

[dískaunt]

ⓝ 할인

» at a discount 할인하여
» cash discount 현금 할인

★★★★☆ _0962

discourage

[diskə́:ridʒ]

ⓥ 실망시키다, 그만두게 하다

» a discouraging word 실망스러운 말
» discouraged children 낙담한 아이들

비슷 reduction 할인　참고 bargain 특가품　참고 count 계산하다
비슷 disappoint 실망시키다　반대 encourage 용기를 주다　참고 disturb 방해하다

-ish

주로 동사, 명사 뒤에 붙어 '~와 같은, ~다운'의 뜻을 나타내는 접미사. foolish(어리석은), brownish(갈색을 띤) 등의 단어가 여기에 해당한다.

★★★☆☆ _0963

childish

[tʃaíldiʃ]

ⓐ 어린아이 같은, 유치한

» a childish idea 유치한 생각
» a childish wife 철없는 아내

★★★★☆ _0964

selfish

[sélfiʃ]

ⓐ 이기적인

» satisfy selfish desire 사욕을 채우다
» seek a selfish profit 사리사욕을 추구하다

명 child 어린이　참고 childhood 어린시절　참고 children child의 복수형
반대 selfless 사심 없는　참고 self 자신　참고 do-it-yourself 손수 하는

-y

동사, 명사 뒤에 붙어 '성질, 성향'을 나타내는 형용사형 접미사.

★★★☆☆ _0965

healthy

[hélθi]

ⓐ 건강한, 건전한

» healthy thoughts 건전한 사상
» build up a healthy body 신체를 단련하다

★★★☆☆ _0966

wealthy

[wélθi]

ⓐ 부유한, 풍부한

» a wealthy resident 부유한 주민
» the wealthy and the poor 부자와 가난한 사람

명 health 건강	형 healthful 건강에 좋은	비슷 sound 건전한
명 wealth 부, 재산	비슷 rich 부유한	반대 poor 가난한

ad-

'~에, ~을 향하여'의 뜻으로 '방향, 경향, 개시'를 나타낸다. 이것의 변화된 형태로 ac-, ap-이 있다. adjust(조정하다), appoint(임명하다) 등이 있다.

★★★★★ _0967

accompany

[əkʌ́mpəni]

ⓥ 동행하다, 수반하다

» accompany on the trip 여행에 함께 가다
» accompany a friend to the door 친구를 문까지 배웅하다

★★★★★ _0968

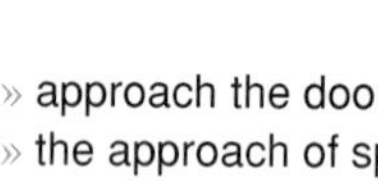

approach

[əpróutʃ]

1. ⓥ 접근하다, 다가오다
2. ⓝ 접근, 도래

» approach the door 문에 접근하다
» the approach of spring 봄이 다가옴

비슷 escort 동행하다	참고 attend 수행하다	참고 company 동료
비슷 come up to 다가가다	참고 proceed 나아가다	참고 access 접근하다

mand

'명령하다, 맡기다'의 뜻으로 듣는 이에게 어떤 행동을 하게 하는 말에 사용되는 어근. mend는 이것이 변화된 형태. command(명령하다), recommend(추천하다) 등이 있다.

★★★★★ _0969

command

[kəmǽnd]

ⓥ 명령하다, 지휘하다

» command silence 조용히 하라고 명하다
» command a ship 함선을 지휘하다

★★★★★ _0970

demand

[dimǽnd]

1. ⓥ 요구하다
2. ⓝ 요구, 수요

» demand an explanation 설명을 요구하다
» demand for cheap housing 저렴한 주거에 대한 수요

비슷 order 명령하다	비슷 control 통제하다	비슷 direct 명령하다
비슷 want 요구하다	비슷 ask for 요청하다	반대 supply 공급

clud

'닫다(shut, close)'를 뜻하는 어근.
변화형으로 close가 있다. include(포함하다), disclose(폭로하다), closet(벽장) 등의 단어가 있다.

★★★★★ _0971

conclude

[kənklúːd]

ⓥ 결론을 내리다, 끝내다

» conclude a meeting 회의를 마치다
» conclude to sell the farm 농장을 팔기로 결정하다

★★★★★ _0972

include

[inklúːd]

ⓥ 포함하다

» including tax 세금 포함하여
» include service charges in the bill
봉사료를 계산에 포함시키다

명 conclusion 결론	비슷 close 끝내다	비슷 finish 끝내다
명 inclusion 포함	비슷 contain 포함하다	반대 exclude 제외하다

cult

'경작하다(cultivate)'를 뜻하는 어근.
변화형으로 colon이 있다. culture(문화), colony(식민지) 등의 단어가 여기에 해당한다.

★★★★★ _0973

cultivate

[kʌ́ltəvèit]

ⓥ 경작하다, 재배하다

» cultivate fields 논밭을 경작하다
» cultivate a good habit 좋은 습관을 기르다

★★★★☆ _0974

agriculture

[ǽgrikʌ̀ltʃər]

ⓝ 농업, 농학

» engage in agriculture 농업에 종사하다
» complete a course in agriculture 농학과를 수료하다

명 cultivation 경작	비슷 grow 기르다	비슷 raise 키우다
형 agricultural 농업의	참고 farm 농장	참고 land 땅

dict

'말하다(say)'를 뜻하는 어근으로 변화형 dic가 있다.
dictionary(사전), dictate(지시하다),
dedicate(헌납하다) 등의 단어가 있다.

★★★★☆ _0975

dictate

[díkteit]

ⓥ 받아쓰게 하다, 지시하다

» dictate a letter to a secretary
비서에게 편지를 받아쓰게 하다
» dictate to the world 천하를 호령하다

★★★★★ _0976

indicate

[índikèit]

ⓥ 가리키다, 나타내다

» indicate a place on a map 지도에서 장소를 가리키다
» indicate his innocence 그의 결백을 나타내다

명 dictator 독재자	명 dictation 받아쓰기	참고 recite 암송하다
명 indication 표시	비슷 point out 지적하다	비슷 imply 암시하다

fore-

'앞에, 전에(before)'를 뜻하는 접두사. forefather(선조), foresee(예견하다) 등의 단어가 여기에 해당한다.

★★★★☆ _0977

forecast

[fɔ́ːrkæ̀st]

ⓥ (날씨를) 예보하다, 예상하다

» forecast a heavy snowfall 대설을 예보하다
» forecast the future 미래를 예상하다

★★★☆☆ _0978

forehead

[fɔ́ːrhèd]

ⓝ 이마

» a high forehead 넓은 이마
» a projecting forehead 튀어나온 이마

명 forecaster 기상 통보관 　비슷 anticipate 예견하다 　참고 foretell 예언하다
비슷 brow 이마 　참고 cheek 뺨 　참고 wrinkle 주름살

manu

'손(hand)'을 뜻하는 어근. 변화형으로 main, man(i)이 있다. manual(수동의), manuscript(원고) 등의 단어가 여기에 해당한다.

★★★★★ _0979

manage

[mǽnidʒ]

ⓥ 경영하다, 다루다

» manage a big factory 큰 공장을 경영하다
» manage children 아이들을 잘 다루다

★★★★★ _0980

manufacture

[mæ̀njəfǽktʃər]

1. ⓝ 제조, 제품
2. ⓥ 제조하다, 만들다

» cotton manufactures 면제품
» manufacture toys 장난감을 제조하다

명 management 경영	명 manager 경영자	비슷 handle 다루다
명 manufacturer 제조업자	비슷 goods 상품	비슷 produce 제조하다

-ward

'~쪽의, ~쪽으로'를 뜻하는 접미사로 방향을 표시하는 형용사, 부사를 만든다. eastward(동쪽으로), backward (뒤쪽으로) 등의 단어가 있다.

★★★★☆ _0981

forward

[fɔ́ːrwərd]

1. *ad.* 앞으로
2. ⓥ 보내다, 전송하다

» step forward two paces 두 발 앞으로 나가다
» forward one's E-mail 이메일을 전송하다

★★★☆☆ _0982

upward

[ʌ́pwərd]

1. ⓐ 위로 향한
2. *ad.* 위쪽으로, 이상

» an upward glance 치켜 뜬 시선
» children from the age of six upward
6세 이상의 아이들

비슷 ahead 앞으로 비슷 onward 앞으로 반대 backward 뒤쪽으로
참고 downward 아래로 향한 참고 upside 위쪽 참고 ward 보호

com-

'함께(with, together), 강조'를 뜻하는 접두사. con, cor, co, col, coun 등의 변화형이 있다. conform(순응하다), compromise(타협하다) 등이 있다.

★★★★☆ _0983

compose

[kəmpóuz]

1. ⓥ 구성하다, 조립하다
2. ⓥ 작곡하다, 글을 짓다

» be composed of many chemicals
많은 화학물로 구성되어 있다
» compose a poem 시를 짓다

★★★★☆ _0984

confront

[kənfrʌ́nt]

ⓥ 직면하다, 맞서다

» be confronted by death 죽음에 직면하다
» confront a difficult problem 어려운 문제와 맞서다

명 composition 작문 비슷 make up 구성하다 비슷 constitute 구성하다
비슷 face 직면하다 참고 front 정면 참고 see face to face 마주보다

-ive

'성질, 성향'을 나타내는 형용사형 접미사. native(출생지의), captive(포로의, 사로잡힌), festive(축제의) 등이 있다.

★★★★☆ _0985

attractive [ətrǽktiv] ⓐ 매력적인

» an attractive personality 매력 있는 인품
» look attractive 아름답게 보이다

★★★★★ _0986

effective [iféktiv] ⓐ 유효한, 효과적인

» the effective way 효과적인 방법
» an effective medical treatment 효과적인 치료법

-less

주로 명사, 동사에 붙어 '없음, 결핍, 결여'를 뜻하는 형용사형 접미사. useless(쓸모없는), fearless(두려움 없는) 등의 단어가 있다.

★★★☆☆ _0987

endless [éndlis] ⓐ 끝없는, 광활한

» an endless desert 광활한 사막
» endless worries 끊이지 않는 걱정

★★★★☆ _0988

careless [kɛ́ərlis] ⓐ 부주의한, 무관심한

» a careless driving 부주의한 운전
» a careless manner of speaking 조심성 없는 말버릇

-ly

형용사, 명사에 붙어 부사를 만드는 부사형 접미사.
boldly(대담하게), partly(부분적으로) 등의 단어가 있다.

★★★★☆ _0989

naturally [nǽtʃərəli]

1. *ad.* 타고나기를
2. *ad.* 물론, 자연히

» do what comes naturally 적성에 맞는 일을 하다
» Naturally! 물론!

★★★★☆ _0990

briefly [bríːfli] *ad.* 간단히

» to put it briefly 간단히 말하면
» explain it briefly 그것을 간단히 설명하다

polit

'도시(city), 시민(citizen)'을 뜻하는 어근. 이것의 변형으로 polic, polis가 있다. metropolis(대도시), police(경찰) 등의 단어가 있다.

★★★★☆ _0991

policy [pάləsi] ⓝ 정책, 방침

» foreign policies 외교 정책
» announce a new policy 새로운 정책을 발표하다

★★★★☆ _0992

political [pάlitikəl] ⓐ 정치의, 정치학의

» political action 정치 활동
» organize a new political party 신당을 결성하다

re-

'다시(again), 뒤에(back)'를 뜻하는 접두사.
replace(교체하다), rebuild(재건하다),
revive(되살아나다) 등의 단어가 있다.

★★★☆☆ _0993

renew [rinjúː] ⓥ 갱신하다, 새롭게 하다

» renew curtains 커튼을 새로 갈다
» renew a license 면허를 갱신하다

★★★★☆ _0994

reproduce [rìːprədjúːs] ⓥ 재생하다

» reproduce a picture 그림을 복제하다
» reproduce natural colors 천연색을 재현하다

un-

'부정, 반대, 역행동'을 뜻하는 접두사.
unfair(불공평한), unlucky(불운한), uneasy(불편한),
unlock(자물쇠를 열다) 등의 단어가 있다.

★★★★☆ _0995

unemployment [ʌ̀nimplɔ́imənt] ⓝ 실업

» unemployment rate 실업률
» keep unemployment low 실업자 수를 낮게 유지하다

★★★☆☆ _0996

unnecessary [ʌ̀nnésəsèri] ⓐ 불필요한

» unnecessary luxury 불필요한 사치
» contain unnecessary words 불필요한 단어를 포함하다

in-

'부정(not)'을 의미하는 접두사. 변화형으로 im, ir, en이 있다. independent(←dependent), indirect(←direct), informal(←formal) 등의 단어가 여기에 해당한다.

★★★☆☆ _0997

incredible [inkrédəbəl] ⓐ 놀라운, 믿을 수 없는

» an incredible story 믿어지지 않는 이야기
» an incredible memory 놀라운 기억력

★★★★☆ _0998

inevitable [inévitəbəl] ⓐ 피할 수 없는, 필연적인

» an inevitable conclusion 당연한 결론
» an inevitable accident 피할 수 없는 사고

-ics

'학문, 기술'을 뜻하는 명사형 접미사. 복수어형이지만 보통 단수로 취급한다. economics(경제학), politics(정치학), ethics(윤리학) 등의 단어가 있다.

★★★☆☆ _0999

mathematics [mæθəmǽtiks] ⓝ 수학

» mathematics examination 수학시험
» be poor in mathematics 수학실력이 약하다

★★★☆☆ _1000

physics [fíziks] ⓝ 물리학

» the ABC of physics 물리학의 기초
» achievements in physics 물리학 업적들

Review Test 10

1 다음 각 단어의 알맞은 뜻을 연결하시오.

1. considerable	효과적인
2. width	건축
3. compose	제조
4. effective	운동
5. architecture	고려해야 할
6. movement	폭
7. unnecessary	구성하다
8. manufacture	뛰어난
9. assistant	불필요한
10. superior	도와주는 사람

» **Answers**

1. 고려해야 할 **2**. 폭 **3**. 구성하다 **4**. 효과적인 **5**. 건축 **6**. 운동
7. 불필요한 **8**. 제조 **9**. 도와주는 사람 **10**. 뛰어난

2 다음 빈칸에 알맞은 단어를 보기에서 골라 쓰시오.

apologize	careless	predict	discouraging
incredible	attractive	healthy	costly

1. _________ her for his rudeness
   그녀에게 그의 무례함을 사과하다
2. a _________ word
   실망스러운 말
3. a _________ driving
   부주의한 운전
4. _________ a good harvest
   풍작을 예상하다
5. an _________ personality
   매력 있는 인품
6. an _________ story
   믿어지지 않는 이야기
7. _________ thoughts
   건전한 사상
8. a _________ mistake
   희생이 큰 실수

» **Answers**

1. apologize **2**. discouraging **3**. careless **4**. predict **5**. attractive **6**. incredible **7**. healthy **8**. costly

3 다음 빈칸에 알맞은 단어를 보기에서 골라 쓰시오.

cultivate	forecast	undergo
approach	translate	demand

1. _________ a heavy snowfall
   대설을 예보하다
2. _________ the door
   문에 접근하다
3. _________ surgery
   수술을 받다
4. _________ Russian into Korean
   러시아어를 우리말로 번역하다
5. _________ fields
   논밭을 경작하다
6. _________ an explanation
   설명을 요구하다

» **Answers**

1. forecast **2**. approach **3**. undergo **4**. translate **5**. cultivate
6. demand

4 다음 표시된 말의 알맞은 해석을 쓰시오.

1. satisfy selfish desire

   ____

2. indicate a place on a map

   ____

3. the residents of the city

   ____

4. expose a top secret

   ____

5. overcome the difficulty

   ____

6. end in failure

   ____

7. step forward two paces

   ____

8. enlarge the store

   ____

» **Answers**

1. 이기적인 **2**. 가리키다 **3**. 주민 **4**. 폭로하다 **5**. 이겨내다 **6**. 실패
7. 앞으로 **8**. 확장하다

INDEX

Word
Storm
Basic

A

B

E

I

J

S

u

V

W

Y

Z